선지자와 왕

가스펠 프로젝트

구약 5

선지자와 왕
중고등부

지은이 · LifeWay Students
옮긴이 · 백충현
감수 · 김병훈, 이희성, 곽상학
초판 발행 · 2017년 11월 7일
2판 1쇄 발행 · 2024년 4월 11일
등록번호 · 제1988-000080호
등록된 곳 · 서울특별시 용산구 서빙고로65길 38
발행처 · 사단법인 두란노서원
영업부 · 02-2078-3352, 3452, 3781, 3752 FAX 080-749-3705
편집부 · 02-2078-3437
디자인 · 땅콩프레스

책값은 뒤표지에 있습니다.
ISBN 978-89-531-4688-4 04230 / 978-89-531-4668-6(세트)

가스펠 프로젝트 홈페이지 · gospelproject.co.kr
두란노몰 · mall.duranno.com

차례

발간사 *5* / 감수사 *6* / 추천사 *8* / 일러두기 *10*

계시하시는 하나님

첫 번째 이야기 — 열왕기상하, 이사야

01
바알 선지자들아,
한번 붙어 보자!
13

02
엘리야,
넌 혼자가 아니야
19

03
나아만,
네가 낫고자 하느냐
25

04
이사야,
네 죄가 보이느냐
31

05
이사야,
고난의 종이 보이느냐
37

06
히스기야,
네가 믿느냐
43

사랑을 구하시는 하나님

두 번째 이야기 — 대선지서와 소선지서, 역대하

07
호세아,
내 마음을 알겠느냐
51

08
요나,
저들도 내가 사랑한단다
57

09
요엘,
너는 말하여라
63

10
예레미야,
내 말을 전하여라
69

11
예레미야,
희망을 선포해라
75

12
시드기야,
네 고집으로 망하리라
81

13
에스겔,
이것이 살아나겠느냐?
87

자료 **분열 왕국 지도** 뒤표지

5

Prophets and Kings

발간사

두란노서원을 통해 라이프웨이(LifeWay)의 《가스펠 프로젝트》 성경 공부 교재 시리즈를 발간할 수 있도록 인도하신 하나님께 감사드립니다. 험한 소리로 가득한 세상에 이 책을 다릿돌처럼 놓습니다. 우리 삶은 말씀을 만난 소리로 풍성해져야 합니다. 주님을 만난 기쁨의 소리, 진실 앞에서 탄식하는 소리, 죄를 씻는 울음소리, 소망을 품은 기도 소리로 가득해야 합니다.

《가스펠 프로젝트》는 신구약을 관통하는 예수 그리스도의 복음을 발견하고, 그 가르침을 삶에 적용하는 지혜를 얻도록 기획한 성경 공부 교재입니다. 어린아이부터 어른에 이르기까지 생애주기에 따른 복음 메시지를 잘 배울 수 있습니다. 또한, 거짓 진리가 미혹하는 이 시대에 건강한 신학과 바른 교리로 말씀을 조명하여 성도의 신앙이 좌로나 우로나 치우치지 않도록 돕습니다.

두란노서원은 지금까지 "오직 성경, 복음 중심, 초교파적 관점"을 바탕으로 한국 교회와 성도를 꾸준히 섬겨 왔습니다. 오직 성경의 정신에 입각해 책과 잡지를 출판해 왔으며, 성경에 근거한 복음 중심의 신학을 포기한 적이 없습니다. 그리고 교단과 교파를 초월하여 교회와 성도가 하나님의 나라를 바라볼 수 있도록 돕기 위해 노력해 왔습니다. 《가스펠 프로젝트》는 두란노가 지켜 온 세 가지 가치를 충실하게 담은 책입니다.

성경은 구원을 위한 책이며, 구원사의 주인공은 예수 그리스도입니다. 창세기부터 요한계시록까지 오직 예수 그리스도의 복음만을 전하는 《가스펠 프로젝트》 성경 공부 교재를 통해 복음의 은혜와 진리를 깊이 경험하고, 복음 중심의 삶이 마음 판에 새겨지기를 바랍니다. 그리고 예수 그리스도 복음에 굳게 선 한 사람의 영향력이 가정과 교회와 사회에 흘러감으로써 거룩한 하나님 나라가 확산되어 가기를 소망합니다.

두란노서원 원장 이 형 기

감수사

두란노가 출간하는 《가스펠 프로젝트》는 무엇보다도 전통적으로 교회가 풀어 온 흐름을 충실히 따라 성경을 해설하고 있습니다. 그리고 그 방향은 궁극적으로 예수 그리스도를 향해 나아가고 있습니다. 이것은 예수님이 구약과 신약의 모든 성경이 자신을 가리키고 있다고 하신 말씀에 비추어 매우 타당한 것입니다. 게다가 그리스도 중심적 해설을 무리하게 전개하지 않습니다. 각 본문에서 하나님의 구원 언약과 그것을 실현하시는 하나님을 드러내면서, 그리스도의 예표적 설명이 가능한 사건을 놓치지 않고 풀어내고 있습니다.

성경 공부 교재는 명시적으로 혹은 암시적으로 제시하는 교리적 진술이 교리체계상 건전해야 합니다. 《가스펠 프로젝트》는 99개 조에 이르는 핵심 교리들을 일목요연하게 제시하여 교리의 건전성을 확인할 수 있도록 도움을 줍니다. 《가스펠 프로젝트》의 교리는 교파를 막론하고, 예수 그리스도의 복음에 충실한 복음주의 교회들에게 환영받을 만합니다. 물론 교파마다 약간의 이견을 갖는 부분들이 있을 수 있겠지만 각 교회에서 교재를 활용하는 데에 무리가 없을 것으로 판단합니다. 《가스펠 프로젝트》의 특징은 각 과에서 학습한 내용을 핵심 교리와 연결해 주며, 그 결과 그리스도의 복음에 관련한 교리적 이해를 강화시킨다는 데에 있습니다.

끝으로 《가스펠 프로젝트》는 어떤 성경 주해서나 교리 학습서가 갖지 못하는 훌륭한 장점을 가지고 있습니다. 그것은 학습자를 하나님과 그리스도의 복음 앞으로 나오도록 이끌며 자신의 신앙과 삶을 돌아보도록 하는 적용의 적실성과 훈련의 효과입니다. 아울러 선교적 안목을 열어 주는 적용 질문들을 더해 준 것은 《가스펠 프로젝트》에서 얻을 수 있는 커다란 유익입니다.

《가스펠 프로젝트》는 성경을 개괄적으로 매주 한 과씩, 3년의 기간 동안 일목요연하게, 그리고 그리스도 중심적으로 공부하도록 이끌어 준다는 점에서, 한국 교회의 기초를 성경 위에 놓는 일에 대단히 커다란 공헌을 할 것으로 믿어 의심치 않습니다.

김병훈 _ 합동신학대학원대학교 조직신학 교수

아모스 선지자가 타락의 일로를 걷고 있던 북이스라엘을 향해 선포한 메시지가 생각납니다. "보라 날이 이를지라 내가 기근을 땅에 보내리니 양식이 없어 주림이 아니며 물이 없어 갈함이 아니요 여호와의 말씀을 듣지 못한 기갈이라"(암 8:11). 주전 8세기 아모스 선지자의 외침이 오늘 이 시대에 다시 메아리쳐 오고 있습니다. 온갖 이단들이 영적으로 갈급한 성도들을 향해 검은손을 내밀고 있습니다. 이들은 성경 구절을 단편적으로 이해하고 왜곡하여 교리를 구축한 후 성도들을 혼란에 빠뜨리고 있습니다. 두란노의 《가스펠 프로젝트》는 성도들이 겪고 있는 이러한 갈증을 해소해 줄 수 있는 참으로 유익한 성경 공부 교재입니다.

첫째, 《가스펠 프로젝트》는 성경 전체 흐름과 문맥에 따라 구성되어 성경의 큰 그림을 볼 수 있도록 도와줍니다. 또 성경 각 본문의 의미를 깊이 이해할 수 있도록 해당 분야의 전문 성경 신학자들의 주석적 견해를 잘 소개하고 있습니다. 둘째, 본문 연구와 함께 관련 핵심 교리들을 적절하게 소개하여 성경과 교리를 연결할 수 있습니다. 또 모든 과에서 그리스도와의 연결점을 찾아 제시해 주므로 구약 본문을 통해서도 복음을 깨달을 수 있습니다. 성경 공부 전 과정을 마치면 성도들이 복음에 대한 견고한 믿음을 가지게 될 것입니다. 셋째, 성경 공부를 통한 적용의 초점을 선교에 맞추어 성도들이 삶의 현장에서 복음의 증인으로서의 사명을 감당할 수 있게 도와줍니다. 마지막으로, 주일학교 어린이부터 장년에 이르기까지 동일한 주제와 본문으로 성경을 공부하도록 구성하였기 때문에 모든 교인이 한 말씀 안에서 한 믿음의 공동체를 이루며 성숙해 가는 영적 부흥을 경험하게 될 것입니다.

두란노의 《가스펠 프로젝트》를 통해 말씀이 갈급한 기근의 시대에 영적 해갈의 기쁨을 경험하시기 바랍니다.

이희성 _ 총신대학교 구약학 교수

✝ 일반적으로 교육의 3요소를 교육 주체인 교사, 교육 객체인 학생, 교육 내용인 교육 과정(curriculum)이라고 말합니다. 기독교 교육 또한 교회 학교 교사나 가정의 부모가 교육 주체가 되어 다음 세대인 청소년들에게 복음이 담긴 성경을 가르치는 것입니다. 교육 과정을 제외하고는 공교육과 기독교 교육이 본질적으로 다를 수 없는데, 시대의 요청이나 학습자의 역량에 따라 교육 과정이 바뀌는 공교육과 달리, 성경이라는 절대 진리가 교육 과정인 기독교 교육은 수요자 중심의 창의적 상호 작용 등 교육 방법론에 취약점을 보인 것이 사실입니다.

《가스펠 프로젝트》는 객관론적인 인식론에 근거한 프로젝트 수업을 염두에 두었기 때문에, 안내하고 조력하는 교사의 역할 수행과 자연스럽고도 적극적인 학생들의 반응이 만나 성경의 내용을 '지금 그리고 여기'를 사는 '나'와 접목시켜 진지하게 대면하게 합니다. 매 과마다 청소년 설교 제목과 같은 감각적인 제목으로 문을 열고 들어가 'HIS STORY'를 만나게 됩니다. 그뿐 아니라 연대표('TIME LINE'), '알짬 교리 99' 등은 다소 지루할 수 있는 성경의 이야기를 청소년 특유의 감성으로 그들의 지적 호기심을 채워 주기에 충분합니다. 또한 '그리스도와의 연결'로 구속사적 흐름을 놓치지 않고 그리스도의 복음을 충실히 따르고 있습니다. 영원불변하는 하나님의 말씀이 21세기에 대한민국에서 살아가는 중학생, 고등학생의 실제 이야기로 잘 구현되도록 한 'YOUR STORY', 그리고 'HEAD'(생각)와 'HEART'(마음)가 어떻게 'HANDS'(행동)로 이어지는가에 대한 'YOUR MISSION'은 성경 공부의 매우 중요한 연결 고리가 될 것입니다.

《가스펠 프로젝트》는 그리스도 중심의 성경 공부 교재이자, 성경 전체를 꿰뚫는 복음의 알파와 오메가로서 이 시대에 새로운 기독교 교육의 이정표가 될 것을 확신합니다.

곽상학 _ 전 온누리교회 협동 목사

추천사

우리 시대의 전 세계적 교회 부흥은 두 가지 샘을 가지고 있습니다. 한 샘은 오순절 부흥 운동의 샘입니다. 이 샘으로 많은 시대의 목마른 영혼들이 목마름을 해갈했습니다. 또 하나의 샘은 성경 연구의 샘입니다. 남침례교 주일학교 운동은 이 샘의 개척자입니다. 이 샘으로 지금도 많은 성도가 목마름을 해갈하고 있습니다. 미국 남침례교 라이프웨이 출판사는 이러한 사역을 충실히 감당해 왔습니다. 《가스펠 프로젝트》는 모든 필요를 공급하는 원천이 될 것입니다. 《가스펠 프로젝트》로 한국 교회의 목마름이 해갈되기를 기도합니다. 《가스펠 프로젝트》는 쉬우면서도 결코 피상적이지 않습니다. 믿음의 단계를 따라 하나님의 자녀들에게 꼭 필요한 복음의 진수를 맛보게 해 줄 것입니다. 이 체계적인 교재로 이 땅에 새로운 영적 르네상스가 일어나기를 기대합니다.

이동원 _ 지구촌교회 원로목사, 지구촌 미니스트리 네트워크 대표

《가스펠 프로젝트》는 예수 그리스도 중심, 즉 복음 중심의 제자 양육 교재입니다. 복음은 구원하는 능력뿐만 아니라 삶을 변화시키는 능력입니다. 성도들을 변화와 성숙으로 이끌어 주는 귀한 교재가 조국 교회와 이민 교회에 소중하게 쓰임받기를 바랍니다. 특별히 이민 2세들은 영어 교재 원본을 사용할 수 있는 까닭에 큰 도움이 될 것입니다.

강준민 _ LA 새생명비전교회 담임 목사

성경은 예수 그리스도를 중심으로 하는 하나님의 구원 이야기입니다. 성경을 가르치는 일은 하나님의 구원에 동참하는 하나님의 사람을 만드는 일이며, 하나님의 사람의 탁월한 모델은 바로 예수 그리스도입니다. 《가스펠 프로젝트》는 예수 그리스도를 중심으로 성경을 배웁니다. 성경이 어떻게 그리스도와 연결되어 있는지, 또 성도의 삶이 그리스도를 중심으로 하는 하나님의 구원 계획에 어떻게 연결되어야 하는지 구체적으로 제시합니다.

특히 《가스펠 프로젝트》는 하나의 본문을 각 연령에 맞게 구성한 교재를 제공해 하나의 본문으로 전 세대를 연결하고, 가정과 교회를 하나 되게 합니다. 신앙의 전수가 중요한 시대에 성도와 교회와 가정이 한마음으로 다음 세대를 준비시키기에 적합합니다. 특히 가정에서 부모가 자녀와 말씀으로 대화를 나눌 수 있게 해 자녀 신앙 교육에 도움이 될 것입니다.

《가스펠 프로젝트》가 주일학교부터 장년에 이르기까지 전 교회와 성도의 각 가정에서 사용되어 예수 그리스도를 통한 하나님의 가스펠 프로젝트가 성취되기를 기도하면서 기쁨과 확신으로 추천합니다.

이재훈 _ 온누리교회 담임 목사

✝ 　《가스펠 프로젝트》는 성경을 예수 그리스도 중심으로 심도 있게 살피도록 도우면서, 또한 그것을 이야기 형식으로 제시하며 실질적으로 적용하도록 이끄는 탁월함이 보입니다. 이는 청소년들이 자연스럽게 주변 또래들에게 자신이 경험한 예수 그리스도와 복음에 대해 나눌 수 있게 합니다.

왕동식 _ 서울YFC(십대선교회) 대표, 청소년사역자협의회 회장

✝ 　《가스펠 프로젝트》는 복음주의적인 관점에서 성경을 이해하며 성경적 가치관을 형성하는 데 큰 도움을 줍니다. 특히 예수 그리스도를 모든 과에서 그 중심에 두어 구속사적으로 이해할 수 있도록 돕습니다. 또한 각 과별 주제도 친근할 뿐 아니라 다음 세대의 눈높이에 맞추고 있어서 적극 추천합니다.

황성건 _ (사)청소년선교횃불 대표, 소금과빛 국제학교 운영 이사

✝ 　사역 현장에서는 하나님의 말씀을 효율직으로 가르칠 수 있는 좋은 빙법과 교재에 늘 목말라합니다. 그런 점에서 그 필요를 잘 충족해 줄 교재가 출간되어 기쁜 마음으로 추천합니다.

김운용 _ 장로회신학대학교 실천신학 교수

✝ 　《가스펠 프로젝트》는 하나님의 말씀으로 우리를 초청해서 예수 그리스도를 만나게 하고 사랑하게 만드는 훌륭한 교재입니다. 자녀들이 교회 학교에서, 부모들이 소그룹에서 말씀을 공부한 후에 저녁 식탁에 둘러앉아 예수님에 대해 함께 나눌 수 있다는 것은, 상상만 해도 너무나도 멋지고 복된 일입니다.

김지철 _ 진 소밍교회 딤임 목사

✝ 　성경이 가르치는 구원의 도리인 교리를 성경 본문을 통해 배우기가 쉽지 않기 때문에 좋은 안내서가 필요합니다. 《가스펠 프로젝트》는 이와 같은 역할을 탁월하게 수행하고 있기 때문에 기쁜 마음으로 추천합니다.

이성호 _ 고려신학대학원 역사신학 교수

✝ 　《가스펠 프로젝트》는 어린이부터 장년까지 성경에서 예수님이라는 보석을 찾는 눈을 활짝 열어 주는 놀라운 교재입니다. 각 연령대에 맞게 구성된 본 교재를 통해 예수님을 다시 발견하고 한국 교회가 더욱 견고하게 되기를 바랍니다.

최병락 _ 강남중앙침례교회 담임 목사

일러두기

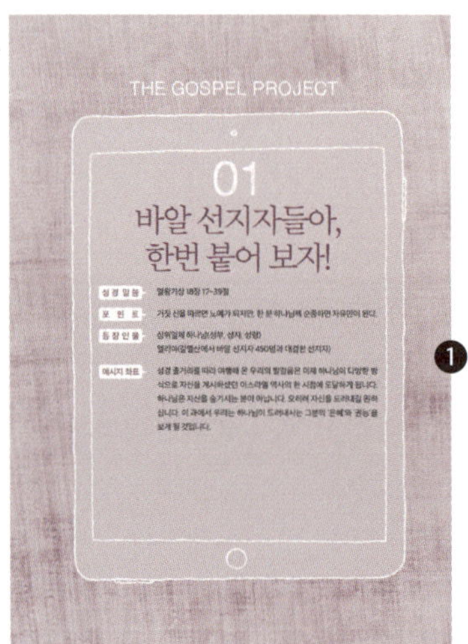

INTRO ❶

'HIS STORY'에서 다룰 내용을 간략히 소개하면서 시작합니다. '성경 말씀'에서는 해당 성경 구절을, '포인트'에서는 핵심 내용을, '등장인물'에서는 본문에 누가 나오는지를, '메시지 좌표'에서는 본문에서 다루는 내용을 소개합니다.

HIS STORY ❷

성경의 개요를 따르며 하나님이 구속사에서 행하신 역사에 초점을 맞춰 본문을 살펴봅니다. 본문과 연결되는 기독교 핵심 교리를 소개하는 '알짬 교리 99', 성경을 시간 순으로 바라보도록 그림과 함께 정리한 '연대표', 본문과 주제가 어떻게 예수 그리스도를 가리키는지 그 상관성을 살피는 '그리스도와의 연결'이 있습니다.

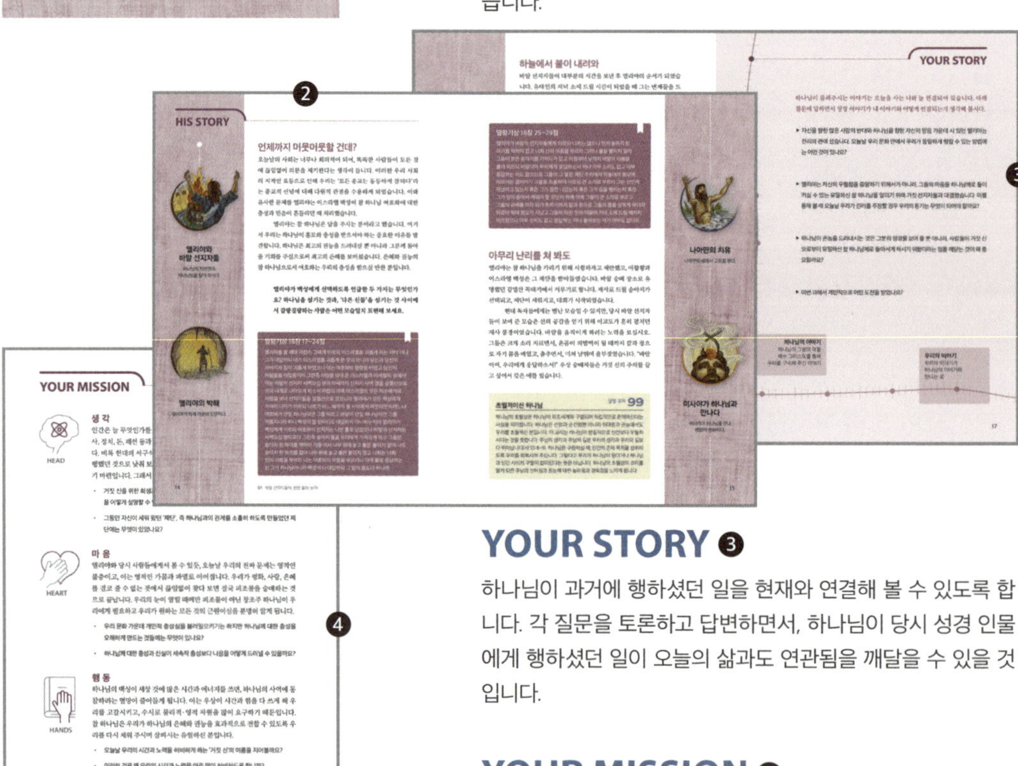

YOUR STORY ❸

하나님이 과거에 행하셨던 일을 현재와 연결해 볼 수 있도록 합니다. 각 질문을 토론하고 답변하면서, 하나님이 당시 성경 인물에게 행하셨던 일이 오늘의 삶과도 연관됨을 깨달을 수 있을 것입니다.

YOUR MISSION ❹

하나님의 이야기가 우리 삶에 어떤 변화를 일으킬 수 있는지를 보게 합니다. 단순한 성경 지식 공부를 넘어서, 사명감을 가지고 이 세상을 살아가라는 하나님의 부르심을 깨닫는 시간이 될 것입니다.

가스펠 프로젝트 홈페이지(gospelproject.co.kr)에서 다양한 자료를 만나 볼 수 있습니다.

계시하시는 하나님

열왕기상하, 이사야

이사야

53장 4~5절

그는 실로 우리의 질고를 지고 우리의 슬픔을 당하였거늘

우리는 생각하기를 그는 징벌을 받아 하나님께 맞으며 고난을 당한다 하였노라

그가 찔림은 우리의 허물 때문이요 그가 상함은 우리의 죄악 때문이라

그가 징계를 받으므로 우리는 평화를 누리고

그가 채찍에 맞으므로 우리는 나음을 받았도다

01

바알 선지자들아, 한번 붙어 보자!

성 경 말 씀	열왕기상 18장 17~39절
포 인 트	거짓 신을 따르면 노예가 되지만, 한 분 하나님께 순종하면 자유민이 된다.
등 장 인 물	삼위일체 하나님(성부, 성자, 성령) 엘리야(갈멜산에서 바알 선지자 450명과 대결한 선지자)
메시지 좌표	성경 줄거리를 따라 여행해 온 우리의 발걸음은 이제 하나님이 다양한 방식으로 자신을 계시하셨던 이스라엘 역사의 한 시점에 도달하게 됩니다. 하나님은 자신을 숨기시는 분이 아닙니다. 오히려 자신을 드러내길 원하십니다. 이 과에서 우리는 하나님이 드러내시는 그분의 '은혜'와 '권능'을 보게 될 것입니다.

엘리야와 바알 선지자들

하나님이 자신만이
하나님임을 알게 하시다.

엘리야의 박해

엘리야가 박해 가운데 도망치다.

언제까지 머뭇머뭇할 건데?

오늘날의 사회는 너무나 회의적이 되어, 똑똑한 사람들이 모든 것에 끊임없이 의문을 제기한다는 생각이 듭니다. 우리 사회의 지적인 요동으로 인해 우리는 '모든 종교는 동등하게 참되다'라는 종교적 신념에 대해 다원적 관점을 수용하게 되었습니다. 이와 유사한 문제를 엘리야는 이스라엘 백성이 참 하나님 여호와에 대한 충성과 믿음이 흔들리던 때 처리했습니다.

> ### 열왕기상 18장 17~24절
>
> 엘리야를 볼 때에 아합이 그에게 이르되 이스라엘을 괴롭게 하는 자여 너냐 그가 대답하되 내가 이스라엘을 괴롭게 한 것이 아니라 당신과 당신의 아버지의 집이 괴롭게 하였으니 이는 여호와의 명령을 버렸고 당신이 바알들을 따랐음이라 그런즉 사람을 보내 온 이스라엘과 이세벨의 상에서 먹는 바알의 선지자 사백오십 명과 아세라의 선지자 사백 명을 갈멜산으로 모아 내게로 나아오게 하소서 아합이 이에 이스라엘의 모든 자손에게로 사람을 보내 선지자들을 갈멜산으로 모으니라 엘리야가 모든 백성에게 가까이 나아가 이르되 너희가 어느 때까지 둘 사이에서 머뭇머뭇하려느냐 여호와가 만일 하나님이면 그를 따르고 바알이 만일 하나님이면 그를 따를지니라 하니 백성이 말 한마디도 대답하지 아니하는지라 엘리야가 백성에게 이르되 여호와의 선지자는 나만 홀로 남았으나 바알의 선지자는 사백오십 명이로다 그런즉 송아지 둘을 우리에게 가져오게 하고 그들은 송아지 한 마리를 택하여 각을 떠서 나무 위에 놓고 불은 붙이지 말며 나도 송아지 한 마리를 잡아 나무 위에 놓고 불은 붙이지 않고 너희는 너희 신의 이름을 부르라 나는 여호와의 이름을 부르리니 이에 불로 응답하는 신 그가 하나님이니라 백성이 다 대답하되 그 말이 옳도다 하니라

엘리야는 참 하나님은 답을 주시는 분이라고 했습니다. 여기서 우리는 하나님이 흠모와 충성을 받으셔야 하는 중요한 이유를 발견합니다. 하나님은 최고의 권능을 드러내실 뿐 아니라 그분께 돌아올 기회를 주심으로써 최고의 은혜를 보이셨습니다. 은혜와 권능의 참 하나님으로서 여호와는 우리의 충성을 받으실 만한 분입니다.

엘리야가 백성에게 선택하도록 언급한 두 가지는 무엇인가요? 하나님을 섬기는 것과, '다른 신들'을 섬기는 것 사이에서 갈팡질팡하는 사람은 어떤 모습일지 표현해 보세요.

아무리 난리를 쳐 봐도

엘리야는 참 하나님을 가리기 위해 시험하자고 제안했고, 아합왕과 이스라엘 백성은 그 제안을 받아들였습니다. 바알 숭배 장소로 유명했던 갈멜산 꼭대기에서 겨루기로 합니다. 제사로 드릴 송아지가 선택되고, 제단이 세워지고, 대회가 시작되었습니다.

현대 독자들에게는 별난 모습일 수 있지만, 당시 바알 선지자들이 보여 준 모습은 신의 공감을 얻기 위해 이교도가 흔히 펼치던 제사 풍경이었습니다. 바알을 움직이게 하려는 노력을 보십시오. 그들은 크게 소리 지르면서, 온몸이 피범벅이 될 때까지 칼과 창으로 자기 몸을 베었고, 춤추면서, 미쳐 날뛰며 울부짖었습니다. "바알이여, 우리에게 응답하소서!" 우상 숭배자들은 거짓 신의 주의를 끌고 싶어서 갖은 애를 썼습니다.

나아만의 치유

나아만이 병에서 고침을 받다.

이사야가 하나님과 만나다

이사야가 하나님을 만나 영원히 변화되다.

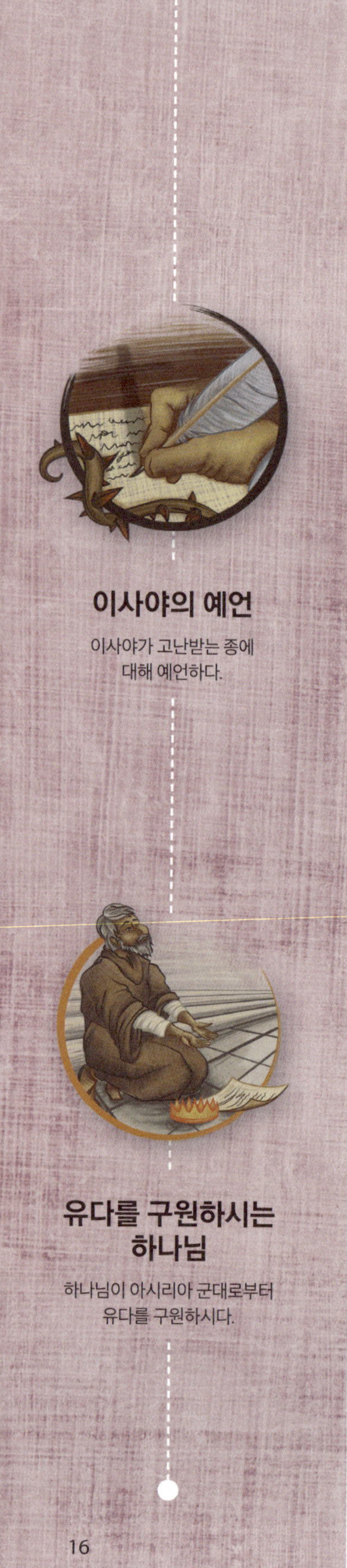

이사야의 예언

이사야가 고난받는 종에
대해 예언하다.

**유다를 구원하시는
하나님**

하나님이 아시리아 군대로부터
유다를 구원하시다.

하늘에서 불이 내려와

바알 선지자들이 대부분의 시간을 보낸 후 엘리야의 순서가 되었습니다. 유대인의 저녁 소제 드릴 시간이 되었을 때 그는 번제물을 드리고 하나님을 불렀습니다. 현란하게 춤추거나 울부짖거나 자해하지 않았고, 하나님이 스스로 참 하나님이심을 드러내 주시기를 요청했습니다. "내게 응답해 주셔서 이 백성들로 주 여호와는 하나님이신 것과 주님이 이들의 마음을 돌이키심을 알게 하옵소서!" 그의 의도를 보십시오. 그는 하나님이 이 구속 행위의 존귀와 영광을 받아 주시길 기도했습니다. 그리고 하나님이 속히 힘 있게 응답하시자, 백성들은 회개했으며 여호와께서 하나님이심을 선포했습니다.

그리스도와의 연결

분명한 한 가지는, 하나님은 우리를 위하신다는 것입니다. 진리와 거짓의 다툼 가운데 거짓은 우리를 속박하고 피 흘리게 하지만, 진리는 우리를 자유롭게 하고 생명을 회복시켜 줍니다. 바알 선지자들은 바알의 주의를 끌기 위해 자해하며 피 흘렸지만, 우주의 참 하나님은 큰 의식이나 인간의 의 때문이 아니라 자신의 창조 세계를 위해 피를 흘리고 죽으셨습니다. 하나님은 우리가 깨닫기도 전에 우리를 구속하시는 분입니다. "우리가 아직 연약할 때에 기약대로 그리스도께서 경건하지 않은 자를 위하여 죽으셨도다 … 우리가 아직 죄인 되었을 때에 그리스도께서 우리를 위하여 죽으심으로 하나님께서 우리에 대한 자기의 사랑을 확증하셨느니라"(롬 5:6~8).

하나님이 들려주시는 이야기는 오늘을 사는 나와 늘 연결되어 있습니다. 아래 질문에 답하면서 성경 이야기가 내 이야기와 어떻게 연결되는지 생각해 봅시다.

▶ 자신을 향한 많은 사람의 반대와 하나님을 향한 자신의 믿음 가운데 서 있던 엘리야는 진리의 편에 섰습니다. 오늘날 우리 문화 안에서 우리가 동일하게 행할 수 있는 방법에는 어떤 것이 있나요?

▶ 엘리야는 자신의 우월함을 증명하기 위해서가 아니라, 그들의 마음을 하나님께로 돌이키실 수 있는 유일하신 참 하나님을 알리기 위해 거짓 선지자들과 대결했습니다. 이를 통해 볼 때 오늘날 우리가 진리를 주장할 경우 우리의 동기는 무엇이 되어야 할까요?

▶ 하나님이 권능을 드러내시는 것은 그분의 영광을 보여 줄 뿐 아니라, 사람들이 거짓 신으로부터 유일하신 참 하나님께로 돌아서게 하시기 위함이라는 점을 깨닫는 것이 왜 중요할까요?

▶ 이번 과에서 개인적으로 어떤 도전을 받았나요?

하나님의 이야기
하나님이 그분의 아들
예수 그리스도를 통해
우리를 구속해 주신 이야기

우리의 이야기
우리의 이야기가
하나님의 이야기와
만나는 곳

YOUR MISSION

HEAD

생 각

인간은 늘 무엇인가를 숭배합니다. 그런 까닭에 뜨거운 논쟁, 운동, 유명 인사, 정치, 돈, 패션 등과 같은 많은 것을 숭배하는 데에 자신의 생명을 바칩니다. 비록 현대의 서구식 사고방식은 때때로 '숭배'를 무지한 고대 사람이나 행했던 것으로 낮춰 보지만, 인간은 모두 무엇인가를 숭배하는 상태까지 가기 마련입니다. 그래서 그것의 제단에 자기 인생을 제물로 바칩니다.

- 거짓 신을 위한 희생과, 하나님의 희생이 생명을 주도록 허용한 것 사이의 차이점을 어떻게 설명할 수 있나요?

- 그동안 자신이 세워 왔던 '제단', 즉 하나님과의 관계를 소홀히 하도록 만들었던 제단에는 무엇이 있었나요?

HEART

마 음

엘리야와 당시 사람들에게서 볼 수 있듯, 오늘날 우리의 진짜 문제는 영적인 불충이고, 이는 영적인 가뭄과 파멸로 이어집니다. 우리가 평화, 사랑, 은혜를 결코 줄 수 없는 것에서 끊임없이 찾다 보면 결국 피조물을 숭배하는 것으로 끝납니다. 우리의 눈이 열릴 때에만 피조물이 아닌 창조주 하나님이 우리에게 필요하고 우리가 원하는 모든 것의 근원이심을 분명히 알게 됩니다.

- 우리 문화 가운데 개인적 충성심을 불러일으키기는 하지만 하나님께 대한 충성을 오해하게 만드는 것들에는 무엇이 있나요?

- 하나님께 대한 충성과 신실이 세속적 충성보다 나음을 어떻게 드러낼 수 있을까요?

HANDS

행 동

하나님의 백성이 세상 것에 많은 시간과 에너지를 쓰면, 하나님의 사역에 동참하려는 열망이 줄어들게 됩니다. 이는 우상이 시간과 힘을 다 쓰게 해 우리를 고갈시키고, 수시로 물리적·영적 자원을 많이 요구하기 때문입니다. 참 하나님은 우리가 하나님의 은혜와 권능을 효과적으로 전할 수 있도록 우리를 다시 채워 주시며 살피시는 유일하신 분입니다.

- 오늘날 우리의 시간과 노력을 허비하게 하는 '거짓 신'의 이름을 지어볼까요?

- 이러한 것은 왜 우리의 시간과 노력을 아주 많이 허비하도록 합니까?

> 다음 모임까지 **사무엘하 10장; 역대상 19장; 시편 20편;
> 53편; 60편; 75편; 65~67편; 69~70편**을 읽어 보세요.

01 바알 선지자들아, 한번 붙어 보자!

02

엘리야, 넌 혼자가 아니야

성경 말씀 — 열왕기상 19장 1~18절

포 인 트 — 우리가 두려움과 불신에 빠진 순간조차 하나님은 우리와 함께하신다.

등 장 인 물 — 삼위일체 하나님(성부, 성자, 성령)
엘리야(갈멜산에서 바알 선지자 450명과 대결한 선지자)
아합과 이세벨(북이스라엘의 왕과 왕후. 아합은 이스라엘의 왕들 가운데
가장 사악한 왕 중 한 사람으로 알려져 있음)

메시지 좌표 — 엘리야의 이야기에서, 우리는 힘든 상황을 경험하는 하나님의 선지자를
보게 됩니다. 우리는 지난 시간에 엘리야가 바알 선지자들과 장엄하게 겨
루는 모습을 봤고, 백성들은 여호와를 주님으로 선포했습니다. 엘리야는
그 기적 후에 엄청난 결실을 기대했을 것이 확실합니다. 하지만 불이 하
늘로부터 내려오는 것을 본 후에도 이스라엘의 왕(아합)과 왕후(이세벨)
의 마음은 변하지 않았습니다. 그 대신, 왕후 이세벨은 엘리야를 죽이겠
다고 위협까지 했습니다. 결과적으로, 엘리야는 외로움과 절망에 빠졌습
니다.

엘리야의 박해

엘리야가 박해 가운데 도망치다.

나아만의 치유

나아만이 병에서 고침을 받다.

이러다가 죽겠어요

열왕기상 19장 1~9상절

아합이 엘리야가 행한 모든 일과 그가 어떻게 모든 선지자를 칼로 죽였는지를 이세벨에게 말하니 이세벨이 사신을 엘리야에게 보내어 이르되 내가 내일 이맘때에는 반드시 네 생명을 저 사람들 중 한 사람의 생명과 같게 하리라 그렇게 하지 아니하면 신들이 내게 벌 위에 벌을 내림이 마땅하니라 한지라 그가 이 형편을 보고 일어나 자기의 생명을 위해 도망하여 유다에 속한 브엘세바에 이르러 자기의 사환을 그 곳에 머물게 하고 자기 자신은 광야로 들어가 하룻길쯤 가서 한 로뎀 나무 아래에 앉아서 자기가 죽기를 원하여 이르되 여호와여 넉넉하오니 지금 내 생명을 거두시옵소서 나는 내 조상들보다 낫지 못하니이다 하고 로뎀 나무 아래에 누워 자더니 천사가 그를 어루만지며 그에게 이르되 일어나서 먹으라 하는지라 본즉 머리맡에 숯불에 구운 떡과 한 병 물이 있더라 이에 먹고 마시고 다시 누웠더니 여호와의 천사가 또 다시 와서 어루만지며 이르되 일어나 먹으라 네가 갈 길을 다 가지 못할까 하노라 하는지라 이에 일어나 먹고 마시고 그 음식물의 힘을 의지하여 사십 주 사십 야를 가서 하나님의 산 호렙에 이르니라 엘리야가 그 곳 굴에 들어가 거기서 머물더니

갈멜산 사건을 경험한 엘리야가 생존 위협 앞에서 두려움에 떨며 도망치는 반응을 보였다는 것을 도저히 믿기 어렵습니다. 하지만 그런 일이 벌어졌습니다. 우리가 종종 그러는 것처럼, 엘리야도 하나님의 권능이라는 중요한 진리를 잊어버렸던 것입니다. 그래서 위협적인 상황에 부딪히자 거기서 멀리 도망치는 반응을 보였습니다.

자신이 힘들 때 하나님이 신실하게 보살펴 주셨던 경험을 나눠 보십시오.

하나님의 권능을 잊은 채 상황에 짓눌리도록 어떻게 유혹당했나요?

쉿, 귀를 기울이렴

하나님은 음식과 쉼을 선물로 주시며 기진맥진한 몸과 마음을 보살펴 주시고 나서 엘리야에게 물으셨습니다. 하나님은 엘리야가 어떻게 이해하는지에 관심을 기울이셨습니다.

> ### 열왕기상 19장 9하~14절
> 여호와의 말씀이 그에게 임하여 이르시되 엘리야야 네가 어찌하여 여기 있느냐 그가 대답하되 내가 만군의 하나님 여호와께 열심이 유별하오니 이는 이스라엘 자손이 주의 언약을 버리고 주의 제단을 헐며 칼로 주의 선지자들을 죽였음이오며 오직 나만 남았거늘 그들이 내 생명을 찾아 빼앗으려 하나이다 여호와께서 이르시되 너는 나가서 여호와 앞에서 산에 서라 하시더니 여호와께서 지나가시는데 여호와 앞에 크고 강한 바람이 산을 가르고 바위를 부수나 바람 가운데에 여호와께서 계시지 아니하며 바람 후에 지진이 있으나 지진 가운데에도 여호와께서 계시지 아니하며 또 지진 후에 불이 있으나 불 가운데에도 여호와께서 계시지 아니하더니 불 후에 세미한 소리가 있는지라 엘리야가 듣고 겉옷으로 얼굴을 가리고 나가 굴 어귀에 서매 소리가 그에게 임하여 이르시되 엘리야야 네가 어찌하여 여기 있느냐 그가 대답하되 내가 만군의 하나님 여호와께 열심이 유별하오니 이는 이스라엘 자손이 주의 언약을 버리고 주의 제단을 헐며 칼로 주의 선지자들을 죽였음이오며 오직 나만 남았거늘 그들이 내 생명을 찾아 빼앗으려 하나이다

하나님은 엘리야에게 다시 답을 주셨고 그것은 특별했습니다. 그와 논쟁하기보다는 그가 그분을 만날 수 있도록 이끄셨습니다. 이는 그에게 중요한 순간이었습니다. 하나님이 그분의 본성을 내보여 주셨기 때문입니다. 하나님은 환상적인 방식으로만 역사하시는 것이 아니라, 대수롭지 않은 듯 세미하게도 역사하십니다.

네 친구가 칠천 명이나 된단다

> ### 열왕기상 19장 15~18절
> 여호와께서 그에게 이르시되 너는 네 길을 돌이켜 광야를 통하여 다메섹에 가서 이르거든 하사엘에게 기름을 부어 아람의 왕이 되게 하고 너는 또 님시의 아들 예후에게 기름을 부어 이스라엘의 왕이 되게 하고 또 아벨므홀라 사밧의 아들 엘리사에게 기름을 부어 너를 대신하여 선지자가 되게 하라 하사엘의 칼을 피하는 자를 예후가 죽일 것이요 예후의 칼을 피하는 자를 엘리사가 죽이리라 그러나 내가 이스라엘 가운데에 칠천 명을 남기리니 다 바알에게 무릎을 꿇지 아니하고 다 바알에게 입 맞추지 아니한 자니라

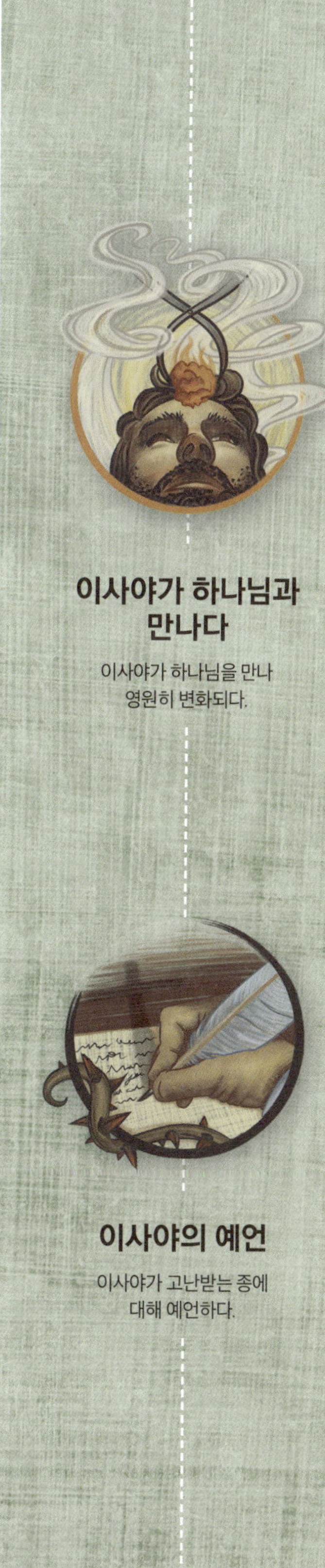

이사야가 하나님과 만나다

이사야가 하나님을 만나 영원히 변화되다.

이사야의 예언

이사야가 고난받는 종에 대해 예언하다.

하나님은 엘리야에게 선지자의 사명을 다시 주시며, 여전히 신실한 남은 자들을 보여 주셨습니다. 하나님은 엘리야를 통해 다른 이들을 돌보시고, 또한 그들을 통해 엘리야를 돌보실 것입니다.

우리 생각이 부정적이고 자기중심적으로 될 때, 하나님이 그분의 선과 빛을 우리를 통해 계시하심을, 또한 다른 사람을 통해 계시하심을 잊을 수 있습니다. 하나님은 우리가 그분의 사랑을 전하려는 사람들과 함께 살고 있음을 기억하도록 우리를 부르셨습니다.

그리스도와의 연결

하나님 나라에서 우리의 사역은 (단지) 중요한 순간 그 이상이며, 우리의 목적은 우리의 삶을 초월합니다. 반대와 핍박 가운데 하나님의 말씀을 전하시던 예수님이 부활하셨기 때문에 우리는 주님을 위한 모든 수고가 중요함을 알 수 있습니다. 그것은 영원할 것이며, 하나님의 말씀은 공허하게 돌아오지 않고 그 목적을 성취할 것입니다. 우리가 극한 어려움에 처할 때에도 속삭이며 다가오시는 하나님을 신뢰하면서, 우리는 예수님을 바라보고 따릅니다.

그리고 우리가 예수님을 바라보면서, 그분이 우리에게 날마다 자기 십자가를 지고(또는 우리 자신에 대해 죽고) 하나님의 구원 사역의 일원이 되어 주님을 따르도록 가르치셨음을 기억하는 것이 중요합니다. 그분은 날마다 그분의 권위에 복종하는 전투를 하도록 하셨으니, 우리는 그분의 나라와 영광을 위해 크고 작은 방법을 사용할 수 있습니다.

유다를 구원하시는 하나님

하나님이 아시리아 군대로부터 유다를 구원하시다.

호세아와 고멜

하나님이 불신실한 백성을 신실하게 붙드시다.

하나님이 들려주시는 이야기는 오늘을 사는 나와 늘 연결되어 있습니다. 아래 질문에 답하면서 성경 이야기가 내 이야기와 어떻게 연결되는지 생각해 봅시다.

▶ 엘리야가 의심과 절망으로 힘들어할 때, 그를 보살펴 주신 하나님에게서 어떤 성품을 찾아볼 수 있습니까?

▶ 엘리야는 너무 실망하고 절망한 탓에 바로 앞에 놓인 상황밖에는 볼 수가 없었습니다. 어떻게 하면 마음의 고통으로 눈이 어두워진 사람에게 더 큰 그림을 볼 수 있게 도울 수 있을까요?

▶ 엘리야가 실망한 이유는 갈멜산의 대결이 그가 생각했던 것보다 세상에 큰 영향을 미치지 못했기 때문입니다. 이와 비슷한 경험을 한 적이 있나요? 엘리야의 이야기에 비추어 볼 때, 이와 비슷한 상황을 만나면 어떻게 반응해야 할까요?

▶ 엘리야는 진리를 위한 그의 목적에 다른 사람들도 함께하게 될 것이라는 이야기를 듣고 격려를 받았을 것입니다. 이 이야기는 그리스도인으로서 살아가는 데, 믿음을 함께하는 사람들의 중요성에 관해 무엇을 가르쳐 주나요?

하나님의 이야기
하나님이 그분의 아들
예수 그리스도를 통해
우리를 구속해 주신 이야기

우리의 이야기
우리의 이야기가
하나님의 이야기와
만나는 곳

YOUR MISSION

HEAD

생 각

많은 교회가 하나님을 위한 '큰일'에 매우 집중하는 경향이 있습니다. 그러나 우리가 일상 가운데 일어나는 하나님의 세미한 역사를 간과한다면 어떻게 될까요? 작은 것, 고요한 것에서 하나님을 발견하는 법을 배우기란 쉽지 않지만, 우리는 하나님의 말씀으로 깨어지고 변화될 만큼 충분히 오랫동안 영혼을 조용히 하는 법을 배워야 합니다. '하늘로부터의 불'만 기대하다 보면, '고요한, 작은 소리'를 놓치고 맙니다.

- 하나님이 우리 삶에 세미하게 역사하신다고 할 만한 것에는 무엇이 있을까요?

- 세미하게 임하는 하나님을 시사함으로써 친구들과 서로 격려할 수 있을까요?

HEART

마 음

우리는 실패가 주는 쓰라림을 맛볼 수 있지만, 절망이 닥쳤다고 해서 자책하거나 부정할 필요는 없습니다. 그러나 그 순간에 영원히 머무를 수도 없습니다. 본문에서 하나님은 절망에 빠져 호렙산(시내산)으로 가는 엘리야를 한 달 이상 동안 돌보셨습니다. 천사가 말했듯이 그에게는 아직 할 일이 많이 남아 있었습니다. 하나님이 그를 사용하기 원하셨다는 사실은 우리를 격려하고 우리도 사용하기 원하실 것이라는 믿음을 강하게 해 줍니다.

- 실의에 빠지거나 실패를 경험하면 주로 어떻게 반응하나요?

- 그런 순간에 어떻게 하면 성경적이면서도 건강하게 반응할 수 있을까요?

HANDS

행 동

하나님은 힘든 시간을 보내는 우리를 통해서도 세상에 영향을 미치는 사역을 계속하십니다. 이것이 바로 우리 삶이 중요하지 않다고 생각하게 하는 유혹에 맞서야 하는 이유입니다. 엘리야처럼 우리도 지치고 절망에 빠지면 편협한 마음이 되어 인류를 향한 하나님의 사명을 보지 못하게 될 수도 있습니다. 그러나 하나님은 예수 그리스도께서 순종하며 받으신 고난과 구속의 부활을 통해, 현재 상황이 아무리 암울해도 소망이 있음을 보여 주셨습니다.

- 어려움에 처한 당신에게 하나님이 다른 사람을 돌보도록 하신 적이 있나요?

- 어려움에 처한 당신을 돌보시기 위해 하나님이 다른 사람을 보내신 적이 있나요?

> **다음 모임까지** 사무엘하 11~12장; 역대상 20장;
> 시편 51편; 32편; 86편; 102~103편; 122편을 읽어 보세요.

03

나아만, 네가 낫고자 하느냐

성 경 말 씀 열왕기하 5장 1~19상절

포 인 트 영적 질병에 대한 하나님의 치유에는 겸손과 회개가 포함된다.

등 장 인 물 삼위일체 하나님(성부, 성자, 성령)
엘리야(하나님의 선지자)
나아만(아람의 군대 장관, 한센병에 걸린 이방인)

메시지 좌표 처음부터 아담과 하와는 자신들의 생명과 목적과 생계를 하나님께 의지했습니다. 그러나 곧, 홀로 서서 오만에 빠진 그들은 하나님께 의지하기보다 하나님과 같아지기를 선택했습니다(창 3:4~5). 이들 첫 번째 가정은 불순종한 까닭에 동산에서 쫓겨났을 뿐만 아니라 오늘날까지 모든 세대에게 반역이라고 하는 타락한 본성을 전했습니다. 우리는 교만으로 병들었기에 만약 하나님이 요구하시는 어린아이 같은 신앙으로 돌아가지 않는다면, 정해진 죽음이 우리 앞에 서서히 모습을 드러낼 것입니다.
이번 과에서는 선지자 엘리사가 나아만이라는 이방인을 고쳐 준 이야기를 살펴볼 것입니다. 이 이야기는 하나님이 주시는 구원과 치유가 우리에게 필요하다는 것과 치유받기 위해서는 겸손해야 한다는 것을 아름답게 보여 줍니다.

나아만의 치유

나아만이 병에서 고침을 받다.

이사야가 하나님과 만나다

이사야가 하나님을 만나
영원히 변화되다.

나아만 장군이 한센병에 걸렸다!

열왕기하 5장 1~4절

아람왕의 군대 장관 나아만은 그의 주인 앞에서 크고 존귀한 자니 이는 여호와께서 전에 그에게 아람을 구원하게 하셨음이라 그는 큰 용사이나 나병환자더라 전에 아람 사람이 떼를 지어 나가서 이스라엘 땅에서 어린 소녀 하나를 사로잡으매 그가 나아만의 아내에게 수종 들더니 그의 여주인에게 이르되 우리 주인이 사마리아에 계신 선지자 앞에 계셨으면 좋겠나이다 그가 그 나병을 고치리이다 하는지라 나아만이 들어가서 그의 주인께 아뢰어 이르되 이스라엘 땅에서 온 소녀의 말이 이러이러하더이다 하니

언뜻 보기에 나아만에게서는 성공한 사람의 특성과 좋은 점이 보였습니다. 그는 아람(수리아)의 군대 장관이었고, 왕의 존경을 받았습니다. 나아만이 이방인임에도 불구하고, 주님은 그가 하는 일에 적극적으로 복을 주셨습니다. 그는 뛰어난 군사적 기량과 끈질긴 용맹을 보이며 모두의 인정을 받았습니다.

그러나 큰 찬사를 받는 이면에서, 이 아람인 영웅은 홀로 한센병(나병)과 싸워야 했습니다. 이 병은 완치될 수 없을 뿐만 아니라, 그가 가진 모든 좋은 것들을 훼손했습니다. 그를 기다리는 미래의 죽음 앞에서 현재의 기쁨이란 없었습니다. 한센병은 사형 선고였으며, 별을 단 장군일지라도 절망과 좌절에 빠지게 했습니다.

죄책과 수치   알짬 교리 **99**

'죄책'이란 잘못된 행위에 대해 객관적 책임이 있음을 말하는 범책을 말하며, 또한 그렇게 범책을 짊어지는 자가 벌을 받아야 할 책임이 있음을 말하는 벌책을 포함합니다. 이러한 자에게 하나님은 죄에 따른 징계 또는 형벌을 내리십니다(마 5:21~22; 약 2:10). '수치'란 죄를 지음으로써 느끼게 되는 고통의 감정입니다. 성경은 객관적인 의미에서 인간은 죄책이 있으며, 주관적인 의미에서 수치심을 느낀다고 가르칩니다.

살려니까 할 수 없구나

> **열왕기하 5장 10~14절**
>
> 엘리사가 사자를 그에게 보내 이르되 너는 가서 요단강에 몸을 일곱
> 번 씻으라 네 살이 회복되어 깨끗하리라 하는지라 나아만이 노하여
> 물러가며 이르되 내 생각에는 그가 내게로 나와 서서 그의 하나님
> 여호와의 이름을 부르고 그의 손을 그 부위 위에 흔들어 나병을 고칠까
> 하였도다 다메섹 강 아바나와 바르발은 이스라엘 모든 강물보다 낫지
> 아니하랴 내가 거기서 몸을 씻으면 깨끗하게 되지 아니하랴 하고 몸을
> 돌려 분노하여 떠나니 그의 종들이 나아와서 말하여 이르되 내 아버지여
> 선지자가 당신에게 큰 일을 행하라 말하였더면 행하지 아니하였으리이까
> 하물며 당신에게 이르기를 씻어 깨끗하게 하라 함이리이까 하니
> 나아만이 이에 내려가서 하나님의 사람의 말대로 요단강에 일곱 번 몸을
> 잠그니 그의 살이 어린아이의 살같이 회복되어 깨끗하게 되었더라

이 이야기의 초점은 엘리사의 초자연적인 능력이 아닙니다. 그가
나아만을 직접 맞이하는 대신 사자를 보낸 것만 봐도 알 수 있습니
다. 초점은 은혜를 받기 위해 필요한 겸손입니다. 또한 은혜가 나오
는 단 하나의 근원인 하나님 그분입니다.

한센병이 낫다니!
여호와는 정말 하나님이시구나

> **열왕기하 5장 15~19상절**
>
> 나아만이 모든 군대와 함께 하나님의 사람에게로 도로 와서 그의 앞에 서서
> 이르되 내가 이제 이스라엘 외에는 온 천하에 신이 없는 줄을 아나이다
> 청하건대 당신의 종에게서 예물을 받으소서 하니 이르되 내가 섬기는
> 여호와께서 살아 계심을 두고 맹세하노니 내가 그 앞에서 받지 아니하리라
> 하였더라 나아만이 받으라고 강권하되 그가 거절하니라 나아만이 이르되
> 그러면 청하건대 노새 두 마리에 실을 흙을 당신의 종에게 주소서 이제부터는
> 종이 번제물과 다른 희생제사를 여호와 외 다른 신에게는 드리지 아니하고
> 다만 여호와께 드리겠나이다 오직 한 가지 일이 있사오니 여호와께서 당신의
> 종을 용서하시기를 원하나이다 곧 내 주인께서 림몬의 신당에 들어가 거기서
> 경배하며 그가 내 손을 의지하시매 내가 림몬의 신당에서 몸을 굽히오니 내가
> 림몬의 신당에서 몸을 굽힐 때에 여호와께서 이 일에 대하여 당신의 종을
> 용서하시기를 원하나이다 하니 엘리사가 이르되 너는 평안히 가라 하니라

이사야의 예언

이사야가 고난받는 종에
대해 예언하다.

**유다를 구원하시는
하나님**

하나님이 아시리아 군대로부터
유다를 구원하시다.

나아만은 자기 몸에 일어난 엄청난 기적을 깨닫고, 이스라엘의 하나님에게서만 찾을 수 있는 은혜를 깨달았습니다. 그 어떤 존재라 해도 거짓 신은 이처럼 즉각적이고 종합적인 치유를 일으킬 수 없습니다. 그는 겸손히 자신을 낮추고, 예배와 찬양을 받으시는 오직 한 분 참 하나님이 계시다는 유대인의 핵심 신앙을 고백했습니다.

> 나아만이 치유되기 전과 후에 했던 말을 비교해 보세요. 그의 태도에서 어떤 차이가 보입니까? 그가 근본적으로 달라졌다는 징후는 무엇입니까?

____

____

____

그리스도와의 연결

질병에 대한 우리의 해법은 나아만의 것과 동일합니다. 우리는 아무리 많은 노력과 자원과 인간관계를 동원해도 우리를 고통스럽게 하는 것에서 자신을 구할 수 없습니다. 우리가 벗어나려 하거나 맞서려고 해도, 결국 홀로 남겨진 채 허물과 죄 가운데 죽을 것입니다. 십자가가 없다면 우리는 정해진 죽음과 심판의 소용돌이로 빠져들 수밖에 없습니다(롬 1:18~19).

복음은 예수 그리스도께서 우리를 위해 자신을 희생하심으로써 우리 영혼의 한센병을 짊어지셨다는 것입니다(사 53:4). 예수님은 우리에게 최고의 소망이 아니라 유일한 소망이십니다. 하나님의 아들을 통해 은혜를 받는 것으로 타락한 존재인 우리의 죄가 적어지는 것이 절대 아닙니다. 오히려, 우리 스스로 할 수 없는 것을 주님이 우리를 위해 하셔야 한다는 그리스도의 주장은 하나님의 구원을 떠나서는 우리가 얼마나 극도로 사악한 존재일 수밖에 없는지를 강조할 뿐입니다.

호세아와 고멜

하나님이 불신실한 백성을 신실하게 붙드시다.

요나

하나님은 사람들이 구원의 기쁜 소식을 들을 수 있도록 노력하신다.

하나님이 들려주시는 이야기는 오늘을 사는 나와 늘 연결되어 있습니다. 아래 질문에 답하면서 성경 이야기가 내 이야기와 어떻게 연결되는지 생각해 봅시다.

▶ 겉으로 드러나는 외적 요소 가운데 어떤 것을 보고 그 사람이 성공했다고 평가할까요? 이러한 외적 요소들은 영적 질병을 앓는 그리스도인에게서 어떻게 우리의 관심을 돌리게 하나요?

▶ 나아만의 이야기는 용서받기 위해 우리에게 겸손과 회개가 필요함을 가르쳐 줍니다. 어떤 사람들이 구원에 관해 말하면서 겸손과 회개를 언급하시 않는다면 그 이유는 무엇일까요?

▶ 복음에 친숙하다고 해서 그것에 무덤덤할 수 있을까요? 그렇게 되지 않으려면 어떻게 해야 할까요? 하나님께 영광을 돌려 드리는 실제적인 방법에는 어떤 것들이 있을까요?

▶ 자신의 죄와 교만을 생각해 봅시다. 나아만의 이야기는 어떤 도전을 주나요?

하나님의 이야기
하나님이 그분의 아들
예수 그리스도를 통해
우리를 구속해 주신 이야기

우리의 이야기
우리의 이야기가
하나님의 이야기와
만나는 곳

HEAD

생 각

종종 우리는 우리 삶에 우리 자신이 무엇인가를 보태야 한다고 생각합니다. 회개와 믿음으로 주님을 부르는 것은, 나아만에게 그랬듯, 요단강에서 씻는 것만큼이나 하찮은 일로 보입니다. 하지만 이와 같이 겸손하지 못한 모습은 우리의 의지 가운데 있는 끔찍한 자신감뿐 아니라 우리 구원에 대한 하나님의 기여가 충분할 수 없다는 생각에서 나옵니다. 이것이 바로 하나님이 교만한 자를 물리치시고 겸손한 자에게 은혜를 베푸시는 이유입니다(약 4:6).

- 나아만은 선지자가 지시한 요단강이 아닌 다른 물에서 씻고 싶어 했습니다. 겸손한 회개와 믿음 외에 사람들이 구원을 얻기 위해 의지하는 '물'은 무엇일까요?

- '다른 물'을 찾는다는 것은 그리스도의 희생을 어떻게 보고 있다는 뜻인가요?

HEART

마 음

북이스라엘과 남유다는 하나님 예배하기를 거절했고 결국 멸망합니다(왕하 17장; 24~25장). 이들의 종교적 위선에서, 우리는 무엇을 피하며 살아야 할지에 대한 경고를 들을 수 있습니다. 겉으로는 종교적인 사람들이 종종 하나님과 신실한 관계를 이루지 못합니다. 그리스도께서 우리를 구원하시기 위해 모든 것을 참으셨다는 사실에 감동받지 못한다면, 그것은 우리를 변화시키시는 하나님의 힘을 경험하지 못했음을 드러냅니다. 하나님을 아는 것은 그분을 사랑하는 것이며, 그분을 사랑하는 것은 그분을 예배하는 것입니다.

- 위선적인 삶이란 어떤 모습일까요?

- 어떻게 하면 위선적으로 살지 않을 수 있을까요?

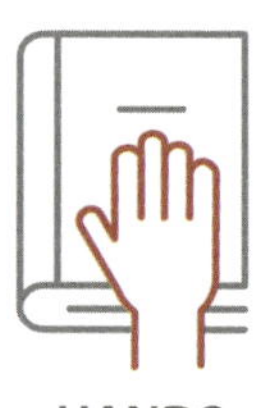

HANDS

행 동

힘 있는 아람 남자와 수종 드는 약한 여종이 극명한 대조를 이룹니다. 이것은 우리에게 다시 한번 가르쳐 줍니다. 하나님은 지혜롭고 강한 사람을 부끄럽게 하시려고 어리석고 약한 사람을 택하시고, 아무것도 아닌 것으로 보이는 것을 사용해 오직 하나님이 성취하실 수 있는 것을 이루십니다.

- 다른 사람들에게 진리를 알리는 것에 대해 여종의 이야기는 어떤 예로 쓰일까요?

- 이 이야기는 우리 삶에서 하나님께 쓰임 받는 것에 관해 무엇을 가르쳐 줍니까?

> 다음 모임까지 사무엘하 13~15장; 시편 3~4편; 13편; 28편; 55편을 읽어 보세요.

04

이사야,
네 죄가 보이느냐

성 경 말 씀 　이사야 6장 1~8절

포 인 트 　하나님의 거룩함과 비교할 때에야 비로소 죄를 올바로 이해할 수 있다.

등 장 인 물 　삼위일체 하나님(성부, 성자, 성령)
　　　　　　　이사야(오실 메시아에 관한 예언으로 가장 잘 알려진 선지자)

메시지 좌표 　이 과에서는 이사야 선지자를 만나게 될 것입니다. 그는 높이 들린 보좌
에 앉으신 하나님의 환상을 봤습니다. 성전에는 거룩함과 영광이 가득했
습니다. 이사야는 하나님의 거룩함에 비추어 자신의 죄와 무가치함을 제
대로 보았습니다. 그러나 하나님은 은혜를 주시며 그가 섬길 수 있도록
회복시켜 주셨고 백성을 위한 메시지를 그에게 주셨습니다. 이사야처럼,
우리도 또한 하나님의 영광의 환상에서 자신의 죄와 무가치함을 보게 될
것입니다.

이사야가 하나님과 만나다

이사야가 하나님을 만나
영원히 변화되다.

이사야의 예언

이사야가 고난받는 종에
대해 예언하다.

거룩하다 거룩하다 거룩하다

우리는 이사야가 웃시야의 통치를 기록했음을 역대하 26장에서 읽을 수 있습니다. 이사야는 왕의 죽음에 크게 영향을 받았을 것입니다. 이러한 맥락에서, 그가 환상을 본 날에 일어난 사건에 대한 증언을 살펴봅시다.

이사야 6장 1~4절

웃시야왕이 죽던 해에 내가 본즉 주께서 높이 들린 보좌에 앉으셨는데 그의 옷자락은 성전에 가득하였고 스랍들이 모시고 섰는데 각기 여섯 날개가 있어 그 둘로는 자기의 얼굴을 가리었고 그 둘로는 자기의 발을 가리었고 그 둘로는 날며 서로 불러 이르되 거룩하다 거룩하다 거룩하다 만군의 여호와여 그의 영광이 온 땅에 충만하도다 하더라 이같이 화답하는 자의 소리로 말미암아 문지방의 터가 요동하며 성전에 연기가 충만한지라

몇 분 동안 시간을 내어, 이사야가 본 환상을 그가 묘사한 것과 다른 말로 적어 보세요. 이것이 전달하는 것은 무엇이며, 어떤 분위기를 만들고 있나요?

주님, 나는 죄인입니다

이사야는 하나님의 거룩함이 얼마나 놀라운 것인지를 인식하게 되자마자 자신과 이스라엘에 관해 더 많이 알게 되었습니다. 요컨대, 하나님의 선이라는 영광스러운 기준에 비추어 자신과 이스라엘 백성을 보게 된 것입니다.

이사야 6장 5절

그때에 내가 말하되 화로다 나여 망하게 되었도다 나는 입술이 부정한 사람이요 나는 입술이 부정한 백성 중에 거주하면서 만군의 여호와이신 왕을 뵈었음이로다 하였더라

이사야는 경외감과 공포로 가득 찼습니다. 하나님의 성결과 선함을 깨달으면서 선함이 결여되어 있는 자신을, 부정하고 죄로 가득 찬 자신을 보게 된 것입니다. 그보다 훨씬 더 중요한 것은, 하나님의 거룩함에 비추어 보니 자신은 망할 존재라는 사실을 깨달았다는 것입니다.

내가 여기 있나이다, 나를 보내소서

> **이사야 6장 6~8절**
>
> 그때에 그 스랍 중의 하나가 부젓가락으로 제단에서 집은 바핀 숯을 손에 가지고 내게로 날아와서 그것을 내 입술에 대며 이르되 보라 이것이 네 입에 닿았으니 네 악이 제하여졌고 네 죄가 사하여졌느니라 하더라 내가 또 주의 목소리를 들으니 주께서 이르시되 내가 누구를 보내며 누가 우리를 위하여 갈꼬 하시니 그때에 내가 이르되 내가 여기 있나이다 나를 보내소서 하였더니

이사야가 환상으로 하나님을 본 사건 후 다음 장면에서, 주님의 천사가 제단에서 핀 숯을 가져왔습니다. 제단이 나타내는 바가 중요합니다. 땅에서는 사제들이 죄 사함을 위한 제물을 바쳤지만, 여기에서는 천상의 사자들이 죄의 제거를 위해 상징이 가득한 의식을 수행했습니다.

이사야가 하나님께 탄원하거나 간청하지 않았다는 점이 흥미롭습니다. 자비를 베풀어 주십사 애원하지도 않았습니다. 주님과 협상하려고도 하지 않았습니다. 오히려 그가 죄를 고백하자 하나님이 전적인 은혜로 속죄를 베풀어 주셨습니다. 숯에는 이사야의 마음속 죄성을 다룰 만한 주술적인 것이 아무것도 없었습니다. 숯은 하나님의 자비와 용서를 보여 주는 표지이며, 구속이라는 하나님의 좋은 선물을 보여 주는 표지입니다.

유다를 구원하시는 하나님

하나님이 아시리아 군대로부터 유다를 구원하시다.

호세아와 고멜

하나님이 불신실한 백성을 신실하게 붙드시다.

요나

하나님은 사람들이 구원의 기쁜 소식을 들을 수 있도록 노력하신다.

요엘

요엘이 여호와의 날에 관해 경고하다.

그리스도와의 연결

우리는 하나님의 모든 속성에 드러나는 그분의 영광에 경외심을 가져야 합니다. 이것이 하나님의 거룩함을 환상으로 본 이사야의 경험에 대한 우리의 응답입니다. 하나님의 계시에 비추어 자신이 누구인지 알게 된다면 우리는 죄와 부정에서 돌이키게 됩니다. 그런데 감사하게도 우리가 섬기는 하나님은 자기 아들의 희생을 통해 우리를 회복하고 파송하시는 분입니다. 하나님의 거룩함과 사랑이 십자가에서 만납니다. 십자가에서 그리스도께서 우리를 위해 자기 생명을 내어놓으셨기 때문입니다.

이로 인해 현재 우리는 어떻습니까? 그리스도 안에서의 용서로 말미암아 우리는 두 손을 들고 "내가 여기 있나이다. 주여! 나를 보내소서"라고 말합니다. 우리는 하나님의 영광과 은혜에 대한 경외심과 경탄을 주변에 전하려고 합니다. 사람들이 스스로 망가뜨린 관점에 따라 주님의 아름다움과 선함과 권능을 거절할 위험성을 충분히 알면서도, 그렇게 합니다. 그러나 우리는 생명의 조물주께서 우리를 통해 그분의 빛을 비추실 것이고, 세상을 초월하신 절대적 선의 아름다움과 선함과 권능에 사로잡히게 다른 사람들을 구원으로 인도하시리라고 믿습니다.

하나님이 들려주시는 이야기는 오늘을 사는 나와 늘 연결되어 있습니다. 아래 질문에 답하면서 성경 이야기가 내 이야기와 어떻게 연결되는지 생각해 봅시다.

▶ 이사야처럼, 하나님의 아름다움과 선함과 권능을 반영하는 것을 목격한 적이 있나요? 그 경험을 통해 어떤 영향을 받았나요?

▶ 왜 우리 문화에는 경외심과 경탄이 부족하다고 종종 생각하나요? 우리가 하나님의 영광과 은혜를 좀 더 잘 볼 수 있는 방법에는 무엇이 있을까요?

▶ 이사야가 그랬던 것처럼, 우리 자신의 많은 죄를 인식할 뿐만 아니라 하나님 앞에서 그 죄를 고백하고 인정하는 것이 왜 중요할까요?

▶ 이사야는 하나님을 만나고 인생이 완전히 달라졌습니다. 하나님과의 만남이나, 하나님과의 관계로 인해 변화를 경험한 적이 있다면 나누어 보세요.

하나님의 이야기
하나님이 그분의 아들
예수 그리스도를 통해
우리를 구속해 주신 이야기

우리의 이야기
우리의 이야기가
하나님의 이야기와
만나는 곳

YOUR MISSION

HEAD

생 각

죽음이 죄의 마땅한 결과라는 것을 성경 전체에서 분명하게 볼 수 있는데, 특히 바울의 편지에서 가장 명확하게 드러납니다(롬 6:23). 이사야도 이것을 충분히 깨달았습니다. 사실, 그는 하나님의 선함과 거룩함에 비추어 자기 죄의 깊이를 깨달은 후에 죽게 되었다고 확신했습니다. 이는 충격적인 깨달음이지만, 오히려 하나님께 부르짖어 죄를 고백할 기회가 되기도 했습니다.

- 왜 대부분의 사람들은 죄가 마땅히 죽음을 받을 만하다고 생각하지 않을까요?

- 이사야는 죄가 거룩하신 하나님의 마음을 무한히 상하게 한다는 점을 보았습니다. 그 결과, 그는 자신이 망하게 되었다고 느꼈습니다. 하나님을 잘 아는 것은 자기 죄를 올바로 보는 데 어떻게 기여합니까?

HEART

마 음

이사야가 깨달은 부정함은 주로 외면이 아닌 내면, 즉 성품과 관련이 있습니다. "입에서 나오는 것들은 마음에서 나오나니 이것이야말로 사람을 더럽게 하느니라"(마 15:18~20)라는 예수님의 가르침을 이사야가 똑같이 표현했습니다. 이사야는 규칙이라는 긴 목록을 잊어서가 아니라, 그의 마음이 하나님의 선함에서 너무나 멀어졌기 때문에 죽게 되었다고 생각했습니다.

- 도덕 규칙을 지키는 것과 그리스도의 성품을 닮아 가는 것 사이에는 어떤 차이점이 있습니까?

- 어떻게 하면 하나님의 마음을 닮아 가도록 더욱 유념하며 살아갈 수 있을까요?

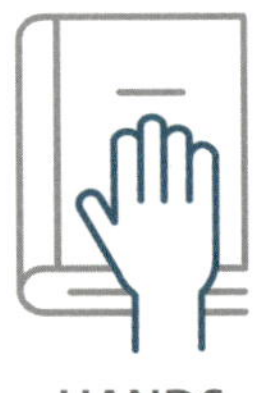

HANDS

행 동

"내가 여기 있나이다 나를 보내소서"라는 이사야의 응답을 교회에서 자주 들었을 것입니다. 그런데 우리는 이보다 먼저 그가 살아 계신 주님을 만나는 놀라운 경험을 했음을 봅니다. 이런 경험을 해야만 사명을 받을 수 있다는 뜻은 아닙니다. 그러나 하나님과 교제하려 하고 진정으로 그분을 알 때, 믿음에 관해 나누는 다른 사람과의 대화에 더 열정적으로 참여하게 됩니다.

- 왜 용서를 받으면 하나님의 말씀을 전하는 데 힘이 되고 동기가 부여될까요?

- 그러한 경험이 있다면 나눠 봅시다.

> 다음 모임까지 사무엘하 16~18장; 시편 26편; 40~41편; 58편; 61~62편; 64편을 읽어 보세요.

05

이사야, 고난의 종이 보이느냐

성경 말씀 이사야 52장 13절 ~ 53장 12절

포 인 트 구원은 하나님이 택하신 종의 고난을 통해 온다.

등 장 인 물 삼위일체 하나님(성부, 성자, 성령)
이사야(오실 메시아에 관한 예언으로 가장 잘 알려진 선지자)
고난받는 종(예수님의 별칭, 예언을 성취하느라 고난당하심)

메시지 좌표 선지자 이사야의 삶과 사역을 살펴보면서, 우리는 그가 성전에서 하나님과 인격적인 만남, 즉 그의 삶을 영원히 변화시킬 만남을 가졌을 뿐만 아니라 앞으로 오실 메시아가 어떤 분이실지에 관해 어렴풋이나마 알게 되는 특권을 누린 것을 봤습니다. 이사야는 메시아가 왕의 특성뿐 아니라 고난받는 종의 특성도 지닐 것을 놀랍도록 상세하게 예언했습니다.

이사야의 예언

이사야가 고난받는 종에
대해 예언하다.

**유다를 구원하시는
하나님**

하나님이 아시리아 군대로부터
유다를 구원하시다.

고난받는 종이 오실 것이다

모든 세대의 학자가 이사야 53장의 아름다움을 찬양했고, 그 정확성에 경탄했습니다. 이사야 53장은 특히 하나님의 종 메시아를 이해하도록 도와줍니다.

이사야 52장 13~15절

보라 내 종이 형통하리니 받들어 높이 들려서 지극히 존귀하게 되리라 전에는 그의 모양이 타인보다 상하였고 그의 모습이 사람들보다 상하였으므로 많은 사람이 그에 대하여 놀랐거니와 그가 나라들을 놀라게 할 것이며 왕들은 그로 말미암아 그들의 입을 봉하리니 이는 그들이 아직 그들에게 전파되지 아니한 것을 볼 것이요 아직 듣지 못한 것을 깨달을 것임이라

이사야 53장 1~3절

우리가 전한 것을 누가 믿었느냐 여호와의 팔이 누구에게 나타났느냐 그는 주 앞에서 자라나기를 연한 순 같고 마른 땅에서 나온 뿌리 같아서 고운 모양도 없고 풍채도 없은즉 우리가 보기에 흠모할 만한 아름다운 것이 없도다 그는 멸시를 받아 사람들에게 버림받았으며 간고를 많이 겪었으며 질고를 아는 자라 마치 사람들이 그에게서 얼굴을 가리는 것 같이 멸시를 당하였고 우리도 그를 귀히 여기지 아니하였도다

예수님 시대의 유대인들은 대적을 정복하는 권세를 지닌 왕으로서의 메시아를 고대했습니다. 그러나 이사야는 사람들의 눈을 사로잡을 '고운 모양'이나 '풍채'도 없이, '멸시'와 '버림'을 받을 종에 관해 예고했습니다.

대속 제물이신 그리스도

알짬 교리 **99**

속죄의 중심은 십자가에서 죽으심으로써 친히 죄인들을 대신하신 '예수 그리스도'이십니다. 이 진리는 무죄한 희생을 통한 죄의 덮음과 죄책감을 제거받아야 하는 인간의 필요성이라는 구약의 희생 시스템을 배경으로 합니다. 하나님의 뜻을 완전하게 계시하시고 행하신 예수님은 인간의 본성을 입으셨고, 그 본성의 요구와 필요들을 짊어짐으로써 자신을 인류와 완전히 동일시하셨지만, 죄는 없으셨습니다. 예수님은 순종을 통해 하나님의 율법을 존중하셨으며, 십자가에서의 대속적 죽음을 통해 인류를 죄에서 구원해 주셨습니다.

고난받는 종이 대속하실 것이다

다음으로, 이사야는 예수님이 사람들에게 매력적으로 보일 수 없었던 이유를 알려 줍니다. 하나님의 종은 우리의 변화되어야 할 모든 것을 감당해야 하므로, 우리의 추악한 삶의 직접적인 결과로 아름다워 보일 수 없었습니다. 이사야는 십자가 사건이 일어나기도 전에 그것을 아주 정확하게 묘사합니다. 하나님의 종은 우리를 위해 고난받는 대속자가 되셨습니다.

> ### 이사야 53장 4~9절
>
> 그는 실로 우리의 질고를 지고 우리의 슬픔을 당하였거늘 우리는 생각하기를 그는 징벌을 받아 하나님께 맞으며 고난을 당한다 하였노라 그가 찔림은 우리의 허물 때문이요 그가 상함은 우리의 죄악 때문이라 그가 징계를 받으므로 우리는 평화를 누리고 그가 채찍에 맞으므로 우리는 나음을 받았도다 우리는 다 양 같아서 그릇 행하여 각기 제 길로 갔거늘 여호와께서는 우리 모두의 죄악을 그에게 담당시키셨도다 그가 곤욕을 당하여 괴로울 때에도 그의 입을 열지 아니하였음이여 마치 도수장으로 끌려가는 어린 양과 털 깎는 자 앞에서 잠잠한 양 같이 그의 입을 열지 아니하였도다 그는 곤욕과 심문을 당하고 끌려갔으나 그 세대 중에 누가 생각하기를 그가 살아 있는 자들의 땅에서 끊어짐은 마땅히 형벌 받을 내 백성의 허물 때문이라 하였으리요 그는 강포를 행하지 아니하였고 그의 입에 거짓이 없었으나 그의 무덤이 악인들과 함께 있었으며 그가 죽은 후에 부자와 함께 있었도다

모든 사람을 위한 종의 대속을 강조하고자 이사야는 '우리의,' '우리는,' '우리'와 같은 단어를 반복해서 사용했습니다. 이를 통해, 이사야는 우리가 종의 사역으로 수혜를 입었으며, 우리 역시 이 범죄에 관해 죄가 있음을 알리고자 합니다.

고난받는 종이 승리하실 것이다

서두에서 예고한 대로, 이사야는 우리를 위한 종의 사역을 존귀와 이로 인한 승리라고 묘사하며 마무리합니다.

호세아와 고멜

하나님이 불신실한 백성을 신실하게 붙드시다.

요나

하나님은 사람들이 구원의 기쁜 소식을 들을 수 있도록 노력하신다.

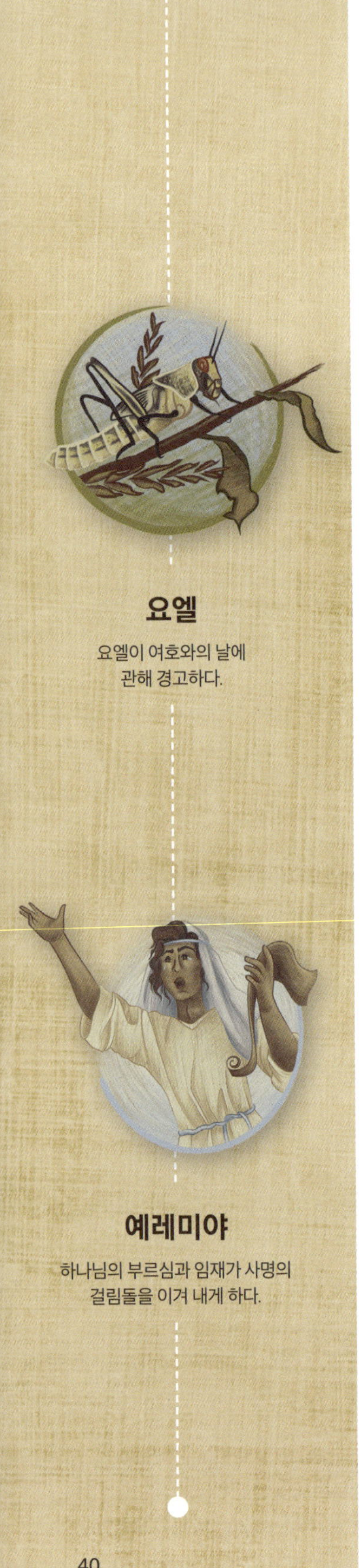

요엘

요엘이 여호와의 날에
관해 경고하다.

예레미야

하나님의 부르심과 임재가 사명의
걸림돌을 이겨 내게 하다.

자신을 십자가 사역에 대한 보상으로 그리스도께 속한 존재라고 생각해 본 적이 있나요? 이런 생각은 그리스도를 위해 살고자 하는 열망에 어떤 영향을 미칠까요?

____

____

그리스도와의 연결

예수님의 대속으로 우리는 어떤 유익을 얻게 될까요? 다음 두 구절은 예수님이 우리 대속자가 되신 것의 기념비적인 영향력을 증명합니다. 첫 번째 구절은 "그가 징계를 받으므로 우리는 평화를 누리고"입니다. 이 구절은 예수님의 희생으로 우리가 하나님과의 평화를 회복하게 되었고, 그로 인해 그분과의 관계가 가능하게 되었음을 말해 줍니다.

두 번째 구절은 "그가 채찍에 맞으므로 우리가 나음을 받았도다"입니다. '나음'은 일반적으로 신체적 회복을 의미하지만, 여기서는 영적인 회복과 건강의 의미로 쓰였습니다. 예수님은 지상 사역을 통해 타락의 증상(질병, 고통, 죽음)을 종종 경감시켜 주셨습니다. 그리고 십자가에서 대속하심으로써 우리의 가장 큰 문제의 근원을 제거해 주셨습니다. 이사야 53장의 초점은 일시적인 나음이 아니라, 그리스도의 대속의 결과로 우리가 얻게 되는 최종 승리에 있습니다. 반역의 질병에서 완전히 낫게 되면, 하나님과의 평화를 경험하게 될 것입니다.

하나님이 들려주시는 이야기는 오늘을 사는 나와 늘 연결되어 있습니다. 아래 질문에 답하면서 성경 이야기가 내 이야기와 어떻게 연결되는지 생각해 봅시다.

▶ 그리스도께서 태어나기 수백 년 전에 이사야의 예언이 쓰였다는 사실이 성경의 신뢰성에 믿음을 더해 주나요?

▶ 우리는 어떤 면에서 길 잃은 양과 같습니까?

▶ 누군가가 당신에게 "죄를 대속해 주실 분이 왜 필요합니까?"라고 묻는다면 어떻게 대답하겠습니까?

▶ 이번 과에서 자기 백성을 구하시려는 하나님의 바람에 관해 새롭게 배운 점은 무엇인가요?

하나님의 이야기
하나님이 그분의 아들
예수 그리스도를 통해
우리를 구속해 주신 이야기

우리의 이야기
우리의 이야기가
하나님의 이야기와
만나는 곳

생 각

대단한 사람이 구원자이기를 갈망하는 대중에게, 보잘것없어 보이는 구원자는 전혀 매력적이지 않습니다. 만약 예수님이 '더 나은 삶을 위한 입장권'이 아니라면, 대부분의 사람은 그분을 따르는 데에 아무런 가치를 발견하지 못할 것입니다. 그러나 아무도, 특히 하나님도 자발적으로 겸손하지 않을 것이라고 한다면 이는 잘못된 가정입니다. 그리스도의 최종 존귀는 유대인이든 이방인이든 불신자를 떠날 것인데, 그들은 진리이신 예수님을 그분에 대한 이전의 관념에 비추어 생각할 때 충격에 빠질 것입니다.

- 오늘날 사람들은 예수님을 더 매력적인 존재로 보이기 위해 어떻게 포장합니까?
- 이러한 '포장'은 우리가 예수님의 사역을 이해하는 데 어떤 영향을 미칩니까?

마 음

구원에 이를 수 없다고 두려워하거나 의심하는 사람은 예수님의 십자가 사역이 모든 사람을 향한 그분의 사랑의 표현이라는 사실에 안심할 수 있어야 합니다(롬 5:8). 주님의 손길은 어떤 죄인에게도 미치지 못함이 없으며(사 59:1), 구원자의 손에 있는 성도를 그 누구도 빼앗을 수 없습니다(요 10:28).

- 고난받는 종이 그분의 백성을 위해 중보하심을 아는 것은 어떤 격려를 주나요?
- 이 과는 믿음을, 특히 구원을 의심하는 마음을 어떻게 격려할 수 있을까요?

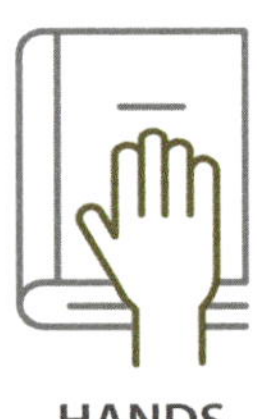

행 동

자기 아들을 고난받는 종으로 내어 주신 하나님의 사랑에 우리는 어떻게 응답해야 할까요? 그 희생을 생각한다면 어떻게 살아야 할까요? 그 값비싼 희생을 허비해서는 안 됩니다. 기독교는 한 번의 결정 그 이상의 것입니다. 그러고 나서 하나님에게서 독립하여 살겠다고 선택하니 말입니다. 그리스도의 죽음을 받아들이면, 또한 그분의 생명에도 굴복해야 합니다(갈 2:20). 예수님이 모든 일에서 하나님 아버지께 순종하고자 하셨듯이, 우리도 복음을 전하면서 그분이 우리를 통해 사시도록 우리 자신도 죽어야 합니다.

- 하나님이 그분의 아들의 대속으로 사랑을 나타내신 사실로 어떤 영향을 받았나요?
- 우리를 위해 고난의 종이 죽으신 것에 대한 응답으로, 우리 삶에서 '죽고' 하나님께 복종해야 할 필요가 있는 것들은 무엇인가요?

> 다음 모임까지 사무엘하 19~23장; 시편 5편; 38편; 42편; 57편을 읽어 보세요.

06

히스기야, 네가 믿느냐

성 경 말 씀 ▸ 열왕기하 19장 8~20절, 32~37절

포 인 트 ▸ 하나님은 자기 이름의 영광과 우리의 유익을 위해 우리를 구원하신다.

등 장 인 물 ▸ 삼위일체 하나님(성부, 성자, 성령)
히스기야(유다의 왕)

메시지 좌표 ▸ 계속되는 여정 가운데, 이제 히스기야의 이야기와 이스라엘이 아시리아 (앗수르) 군대로부터 겪었던 외적 위협에 관해 살펴볼 것입니다. 이스라엘의 많은 왕이 여호와 보시기에 악을 행하는 중에, 히스기야는 하나님이 자기 백성을 보호하실 능력이 있으심을 확신했습니다. 히스기야는 하나님께 그들을 위해서 뿐 아니라, 하나님의 이름과 명성을 위해서도 그들을 구원해 주실 것을 요청했습니다.

유다를 구원하시는 하나님

하나님이 아시리아 군대로부터
유다를 구원하시다.

호세아와 고멜

하나님이 불신실한 백성을
신실하게 붙드시다.

아시리아를 이긴 신이 없다는 것을 모르느냐?

열왕기하 19장 8~13절

랍사게가 돌아가다가 앗수르왕이 이미 라기스에서 떠났다 함을 듣고
립나로 가서 앗수르왕을 만났으니 왕이 거기서 립나와 싸우는 중이더라
앗수르왕은 구스왕 디르하가가 당신과 싸우고자 나왔다 함을 듣고
다시 히스기야에게 사자를 보내며 이르되 너희는 유다의 왕 히스기야에게
이같이 말하여 이르기를 네가 믿는 네 하나님이 예루살렘을 앗수르왕의
손에 넘기지 아니하겠다 하는 말에 속지 말라 앗수르의 여러 왕이 여러
나라에 행한 바 진멸한 일을 네가 들었나니 네가 어찌 구원을 얻겠느냐
내 조상들이 멸하신 여러 민족 곧 고산과 하란과 레셉과 들라살에 있는
에덴 족속을 그 나라들의 신들이 건졌느냐 하맛왕과 아르밧왕과
스발와임 성의 왕과 헤나와 아와의 왕들이 다 어디 있느냐 하라 하니라

아시리아가 히스기야와 남유다 왕국을 대적하러 왔을 때, 그들의
일차 목표는 "네가 믿는 네 하나님"(왕하 19:10)이었습니다. 아시리
아 사람들은 자신들에게 멸망된 민족들과 그 민족들의 거짓 신들을
열거했는데, 여호와를 그 거짓 신들과 같은 범주에 넣음으로써 주
님의 이름을 무시하는 사탄의 도구로 쓰였습니다. 이들 대변인들을
통해 사탄은 하나님이 자기 백성을 구원하실 수 있다는 생각을 조
롱했습니다(왕하 18:22~24). 그들은 히스기야가 여호와를 유일하신
참 하나님으로 예배하는 것을 회복하고자 노력한 탓에 주변 나라
이교도의 신들이 공격을 승인하고 실행했다고까지 말했습니다.

아시리아가 하나님을 향한 이스라엘의 믿음에 초점을 두어
하나님이 기만적으로 보이게 했던 이유는 무엇입니까?

———————————————

———————————————

그들의 조롱에서 어떤 것이 두드러져 보이나요? 이처럼 하나
님을 믿는다는 이유로 조롱이나 비웃음을 받은 적이 있나요?
어떤 일이 있었습니까?

———————————————

———————————————

나는 여호와께서 이기실 것을 믿는다

히스기야가 느꼈을 압박감을 상상할 수 있겠습니까? 주님의 계명을 존중하고 지키고자 노력했음에도 불구하고, 그는 아무런 해결책도 보이지 않는 절망적인 상황에 처했습니다. 하나님이 개입하시지 않는다면 유다의 멸망은 자명한 일이었습니다. 이와 같은 절망적인 상황에서 히스기야는 어떤 반응을 보였을까요?

> ### 열왕기하 19장 14~19절
>
> 히스기야가 사자의 손에서 편지를 받아보고 여호와의 성전에 올라가서 히스기야가 그 편지를 여호와 앞에 펴 놓고 그 앞에서 히스기야가 기도하여 이르되 그룹들 위에 계신 이스라엘의 하나님 여호와여 주는 천하만국에 홀로 하나님이시라 주께서 천지를 만드셨나이다 여호와여 귀를 기울여 들으소서 여호와여 눈을 떠서 보시옵소서 산헤립이 살아 계신 하나님을 비방하러 보낸 말을 들으시옵소서 여호와여 앗수르 여러 왕이 과연 여러 민족과 그들의 땅을 황폐하게 하고 또 그들의 신들을 불에 던졌사오니 이는 그들이 신이 아니요 사람의 손으로 만든 것 곧 나무와 돌 뿐이므로 멸하였나이다 우리 하나님 여호와여 원하건대 이제 우리를 그의 손에서 구원하옵소서 그리하시면 천하만국이 주 여호와가 홀로 하나님이신 줄 알리이다 하니라

히스기야는 주님께 나아가 유다의 구원을 간구했습니다(왕하 19:19). 그의 간구에서 주목되는 것은, 하나님의 이름의 온전성에 큰 강조점이 있다는 점입니다. 그의 기도를 세 부분으로 나눌 수 있는데 그는 먼저 하나님의 권능을 찬양하고, 유다가 직면한 문제를 고한 다음, 하나님께 직접 도움을 호소했습니다.

> ### 하나님의 영광
>
> 알짬 교리 **99**
>
> '하나님의 영광'이란 하나님이 하신 일이 볼 수 있게 드러나는 것, 다시 말해서 하나님이 자신의 완전한 성품을 자신의 일을 통해 나타내시는 방식입니다. 또한 하나님의 영광은 하나님의 뛰어난 명성을 가리키는 말로, 우리가 하나님의 이름을 찬양해야 하는 이유 중 하나입니다. 또 하나님의 영광은 하나님의 본질적인 아름다움으로, 하나님의 속성들과 성품들에서 드러나는 하나님의 밝음과 아름다움을 말합니다. 성경은 인류가 하나님의 창조 목적인 하나님을 영화롭게 하는 것을 저버렸기 때문에 하나님의 영광에 이르지 못했다고 말합니다 (롬 3:23).

요나

하나님은 사람들이 구원의 기쁜 소식을 들을 수 있도록 노력하신다.

요엘

요엘이 여호와의 날에 관해 경고하다.

내 이름을 위해서라도 너희를 구원하리라

> **열왕기하 19장 32~37절**
>
> 그러므로 여호와께서 앗수르왕을 가리켜 이르시기를 그가 이 성에 이르지 못하며 이리로 화살을 쏘지 못하며 방패를 성을 향하여 세우지 못하며 치려고 토성을 쌓지도 못하고 오던 길로 돌아가고 이 성에 이르지 못하리라 하셨으니 이는 여호와의 말씀이시라 내가 나와 나의 종 다윗을 위하여 이 성을 보호하여 구원하리라 하셨나이다 하였더라 이 밤에 여호와의 사자가 나와서 앗수르 진영에서 군사 십팔만 오천 명을 친지라 아침에 일찍이 일어나 보니 다 송장이 되었더라 앗수르왕 산헤립이 떠나 돌아가서 니느웨에 거주하더니 그가 그의 신 니스록의 신전에서 경배할 때에 아드람멜렉과 사레셀이 그를 칼로 쳐죽이고 아라랏 땅으로 그들이 도망하매 그 아들 에살핫돈이 대신하여 왕이 되니라

막다른 길에 내몰린 유다가 살 수 있는 유일한 희망은 하나님이 움직여 주시는 것뿐이었습니다. 그래서 이사야가 예고했던 것처럼(왕하 19:7), 하나님은 자기 백성을 보존하기 위해 싸우셨고 산헤립은 패배했습니다. 다윗에게 주신 약속으로 인해, 하나님은 자신에게 속한 자들을 힘써 보호하셨습니다. 아시리아 군사 185,000명의 갑작스러운 죽음은, 하나님의 권능에 대해 말해 줄 뿐만 아니라 자기 백성을 돌보시고자 하는 확고한 결단을 보여 줍니다. 다수를 죽게 하든 자기 아들을 죽게 하든, 하나님은 겸손히 천국을 구하는 자들을 구원하시는 데 필요한 것은 무엇이든지 행할 준비가 되어 있으십니다.

그리스도와의 연결

그리스도께서는 하나님 나라의 영원한 보좌를 세우심으로써 하나님이 다윗에게 주셨던 약속을 성취하셨습니다(눅 1:30~33). 그러므로 그리스도 안에 있는 모든 사람은 구약의 유대인이 그들의 영웅적인 왕 덕분에 누렸던 신실함을 하나님께도 똑같이 기대해야 합니다. 다윗의 왕권이 이스라엘의 보전을 보장하는 것처럼, 예수님의 왕권은 우리가 그분 안에서 영원히 안전할 것을 확인해 줍니다. 십자가에서의 희생적인 죽음 때문에 성부 하나님은 성자 그리스도에게 모든 이름 위에 뛰어난 이름을 주셨습니다(빌 2:9~11). 그래서 하나님의 찬란한 영광이 그분을 통해 영원히 드러날 것입니다.

예레미야

하나님의 부르심과 임재가 사명의 걸림돌을 이겨 내게 하다.

새 언약

하나님이 자기 백성 가운데 거하실 것을 약속하시다.

하나님이 들려주시는 이야기는 오늘을 사는 나와 늘 연결되어 있습니다. 아래 질문에 답하면서 성경 이야기가 내 이야기와 어떻게 연결되는지 생각해 봅시다.

▶ 사탄은 오늘날 어떤 식으로 세상을 아수라장으로 만들곤 합니까? 이러한 점은, 만약 하나님의 자녀인 우리가 세상에 만족하고 평안하다면, 우리에 관해 무엇을 말하는 것입니까?

▶ 나쁜 일이 생기면 가장 먼저 어떻게 반응하나요? 하나님의 영광의 눈으로 고난을 본다면, 그 대처하는 방식이 어떻게 달라질까요?

▶ 본문은 기도에 관해 무엇을 가르쳐 주나요?

▶ 기도 제목이 있을 때 하나님께 어떻게 나아가야 할까요?

하나님의 이야기
하나님이 그분의 아들
예수 그리스도를 통해
우리를 구속해 주신 이야기

우리의 이야기
우리의 이야기가
하나님의 이야기와
만나는 곳

YOUR MISSION

HEAD

생 각

하나님이 그분의 영광을 추구하시는 것은 인간의 자기도취적 타락성과는 다릅니다. 그 무엇도 하나님보다 영광스러울 수 없기에 그분을 높이지 않는 것은 곧 우상 숭배와 다름없습니다. 또한 하나님은 사람들을 안전한 곳으로 인도하는 등대처럼, 우리가 그분께 관심을 기울이도록 인도하십니다. 하나님의 선한 빛이 없이는 구원과 생명을 얻을 수 없기 때문입니다. 하나님이 자기 영광을 높이시면, 결과적으로 그분의 백성에게 유익이 됩니다.

- 왜 주님은 자기 백성을 위해 힘써 승리하실까요? 이는 우리를 위한 하나님의 사랑, 자기 이름이 높여지기를 원하시는 하나님의 바람에 관해 무엇을 말해 줍니까?

- 하나님이 자기 영광을 드러내실 때, 우리는 어떤 유익을 얻습니까?

HEART

마 음

살아가는 목적의 중심이 우리 자신이 아니라 하나님께 있음을 이해하면, 관심의 초점이 '하나님께 은혜를 받는 것'에서 '하나님의 이름을 드러내는 것'으로 바뀌게 됩니다. 히스기야처럼 우리도 하나님의 선함과 은혜를 전하는 우리 삶에 주님이 역사하시기를 구해야 합니다. 우리의 야망은, 모든 다른 것보다, 주님의 이름을 영원히 찬송하는 것입니다(단 2:20).

- 하나님의 이름을 찬양하는 것이 왜 우리 마음의 궁극적인 열망이 되어야 합니까?

- 하나님이 아니라 그분의 선물에 초점을 둔다면, 그분을 어떻게 여기는 것입니까?

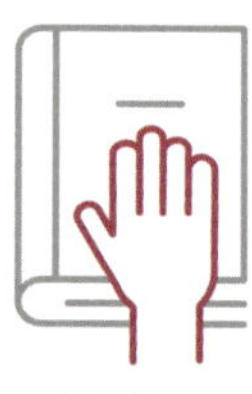

HANDS

행 동

하나님의 영광이 먼저이기에, 하나님의 자녀는 하나님의 이름을 드러내기 위해 삽니다. 하나님이 우리를 위해 존재하시는 것이 아니고 우리가 하나님을 위해 존재합니다. 우리는 하나님의 영광을 위해 창조되었기에(사 43:7), 이 목적에 자신의 인생을 맞춘다면 자유와 평화와 기쁨을 누릴 것입니다. 우리가 나의 계획과 나의 이름을 드러내는 것을 포기할 때, 우리 삶이 영광의 횃불이 되어 누구보다도 더 영광스러운 분을 가리킬 수 있습니다(마 5:16).

- 어떻게 하면 삶에서 하나님의 영광을 드러낼 수 있을까요?

- 한 주 동안 어떻게 하면 하나님의 이름을 드러낼 수 있을까요?

다음 모임까지 **시편 97~99편; 사무엘하 24장**을 읽어 보세요.

두 번째
이야기

사랑을 구하시는 하나님

대선지서와 소선지서, 역대하

예레미야

31장 33~34절

그러나 그날 후에 내가 이스라엘 집과 맺을 언약은 이러하니
곧 내가 나의 법을 그들의 속에 두며 그들의 마음에 기록하여
나는 그들의 하나님이 되고 그들은 내 백성이 될 것이라 여호와의 말씀이니라
그들이 다시는 각기 이웃과 형제를 가리켜 이르기를 너는 여호와를 알라 하지
아니하리니 이는 작은 자로부터 큰 자까지 다 나를 알기 때문이라
내가 그들의 악행을 사하고 다시는 그 죄를 기억하지 아니하리라
여호와의 말씀이니라

07

호세아,
내 마음을 알겠느냐

성 경 말 씀 호세아 1장 2~9절; 2장 14~23절; 3장 1~5절

포 인 트 하나님은 그분의 백성이 불신실할 때조차 그들을 신실하게 찾으신다.

등 장 인 물 삼위일체 하나님(성부, 성자, 성령)
호세아(하나님의 불신실한 백성을 향한 그분의 신실하심을 실제로 보여
주기 위해 고멜과 결혼한 선지자)

메시지 좌표 결혼이 종종 가볍게 여겨지고 쉽게 깨어질 수 있는 계약으로 보이는 때
에, 우리는 호세아의 이야기에서 하나님과 그분의 백성 사이에 존재하는
끈질긴 신실함을 엿볼 수 있습니다. 이 과에서 호세아의 이야기를 살펴봄
으로써, 우리 자신의 모습과 하나님께 대한 우리의 영적인 불신실을 보게
될 것입니다. 또한 죄인을 끊임없이 찾으시는 주님의 사랑 안에서 우리를
향힌 그분의 흔들리지 않는 신실하심을 보게 될 것입니다.

호세아와 고멜

하나님이 불신실한 백성을
신실하게 붙드시다.

요나

하나님은 사람들이 구원의
기쁜 소식을 들을 수
있도록 노력하신다.

고멜과 결혼하라고요?

호세아 1장 2~9절

여호와께서 처음 호세아에게 말씀하실 때 여호와께서 호세아에게 이르시되 너는 가서 음란한 여자를 맞이하여 음란한 자식들을 낳으라 이 나라가 여호와를 떠나 크게 음란함이니라 하시니 이에 그가 가서 디블라임의 딸 고멜을 맞이하였더니 고멜이 임신하여 아들을 낳으매 여호와께서 호세아에게 이르시되 그의 이름을 이스르엘이라 하라 조금 후에 내가 이스르엘의 피를 예후의 집에 갚으며 이스라엘 족속의 나라를 폐할 것임이니라 그날에 내가 이스르엘 골짜기에서 이스라엘의 활을 꺾으리라 하시니라 고멜이 또 임신하여 딸을 낳으매 여호와께서 호세아에게 이르시되 그의 이름을 로루하마라 하라 내가 다시는 이스라엘 족속을 긍휼히 여겨서 용서하지 않을 것임이니라 그러나 내가 유다 족속을 긍휼히 여겨 그들의 하나님 여호와로 구원하겠고 활과 칼이나 전쟁이나 말과 마병으로 구원하지 아니하리라 하시니라 고멜이 로루하마를 젖 뗀 후에 또 임신하여 아들을 낳으매 여호와께서 이르시되 그의 이름을 로암미라 하라 너희는 내 백성이 아니요 나는 너희 하나님이 되지 아니할 것임이니라

하나님은 결혼을 계획하실 때, 아주 친밀하고 희생적이며 서로 사랑하는 관계로 제정하셨습니다. 이를 통해 그리스도와 교회 사이의 관계, 즉 함께 걷고 대화하고 살고 호흡하는 관계를 미리 예시해 주고자 하셨습니다(엡 5:32).

하나님은 호세아에게 고멜과 같은 불신실한 아내를 맞이하라고 명령하심으로써 하나님이 그분의 백성과 맺기를 바라시는 강한 인격적인 관계를 분명히 보여 주셨습니다. 나아가 그러한 관계가 항상 신실한 배우자이신 하나님 편에서는 얼마나 고통스럽고 희생적인 것인지도 보여 주셨습니다.

그래도 사랑합니다

만약 호세아가 한 남자로서 아내의 불신실함을 알면서도 이 같은 사랑과 신실함을 보였다면, 당신의 자녀를 사랑하시는 하나님의 사랑은 얼마나 더 하겠습니까?

하나님은 호세아가 고멜에게 그랬던 것처럼, 우리가 불신실할 때에도 우리를 찾으시고 우리에게 영원한 사랑을 약속하십니다. 우리는 호세아의 결혼 이야기에서 자기 백성을 향한 하나님의 사랑의 약속을 보게 됩니다. 호세아가 아내를 계속 찾으며 사랑하도록 부름받았던 것처럼, 하나님은 그분의 백성에게 헌신하셨습니다.

그러므로 보라 내가 그를 타일러 거친 들로 데리고 가서 말로 위로하고 거기서
비로소 그의 포도원을 그에게 주고 아골 골짜기로 소망의 문을 삼아 주리니
그가 거기서 응대하기를 어렸을 때와 애굽 땅에서 올라오던 날과 같이 하리라
여호와께서 이르시되 그날에 네가 나를 내 남편이라 일컫고 다시는 내 바알이라
일컫지 아니하리라 내가 바알들의 이름을 그의 입에서 제거하여 다시는 그의
이름을 기억하여 부르는 일이 없게 하리라 그날에는 내가 그들을 위하여 들짐승과
공중의 새와 땅의 곤충과 더불어 언약을 맺으며 또 이 땅에서 활과 칼을 꺾어 전쟁을
없이하고 그들로 평안히 눕게 하리라 내가 네게 장가들어 영원히 살되 공의와
정의와 은총과 긍휼히 여김으로 네게 장가들며 진실함으로 네게 장가들리니 네가
여호와를 알리라 여호와께서 이르시되 그날에 내가 응답하리라 나는 하늘에
응답하고 하늘은 땅에 응답하고 땅은 곡식과 포도주와 기름에 응답하고 또 이것들은
이스르엘에 응답하리라 내가 나를 위하여 그를 이 땅에 심고 긍휼히 여김을 받지
못하였던 자를 긍휼히 여기며 내 백성 아니었던 자에게 향하여 이르기를 너는
내 백성이라 하리니 그들은 이르기를 주는 내 하나님이시라 하리라 하시니라

본문에서 하나님의 약속을 찾아 열거해 보십시오. 어떤 약속
에 마음이 갑니까? 하나님이 그분의 백성에게서 사랑을 거두
지 않으시리라는 것을 아는 것이 왜 중요할까요?

은혜로우신 하나님

하나님은 자격 없는 자에게 과분한 호의를 베풀기를 기뻐하시는 성품을 지니
셨습니다(엡 2:8~9). 죄인을 향한 주님의 은혜는 그리스도를 통해 주셨던 구
원에서 가장 분명하게 드러납니다. 죄를 보면, 인간은 구원받을 자격이 없습
니다. 우리 모두가 하나님께 등을 돌렸으므로 결과적으로 죽어 마땅합니다(롬
6:23). 그런데도 하나님은 죄인을 죄 가운데 버려두지 않으시고, 예수님의 죽
음과 부활을 통해 우리 죄를 사하고 용서해 주심으로써 은혜를 보여 주셨습니
다(고후 5:21).

내게 돌아올 수 있게 해 줄게

여호와께서 내게 이르시되 이스라엘 자손이 다른 신을 섬기고 건포도 과자를
즐길지라도 여호와가 그들을 사랑하나니 너는 또 가서 타인의 사랑을 받아
음녀가 된 그 여자를 사랑하라 하시기로 내가 은 열다섯 개와 보리 한 호멜
반으로 나를 위하여 그를 사고 그에게 이르기를 너는 많은 날 동안 나와
함께 지내고 음행하지 말며 다른 남자를 따르지 말라 나도 네게 그리하리라
하였노라 이스라엘 자손들이 많은 날 동안 왕도 없고 지도자도 없고 제사도
없고 주상도 없고 에봇도 없고 드라빔도 없이 지내다가 그 후에 이스라엘
자손이 돌아와서 그들의 하나님 여호와와 그들의 왕 다윗을 찾고 마지막
날에는 여호와를 경외하므로 여호와와 그의 은총으로 나아가리라

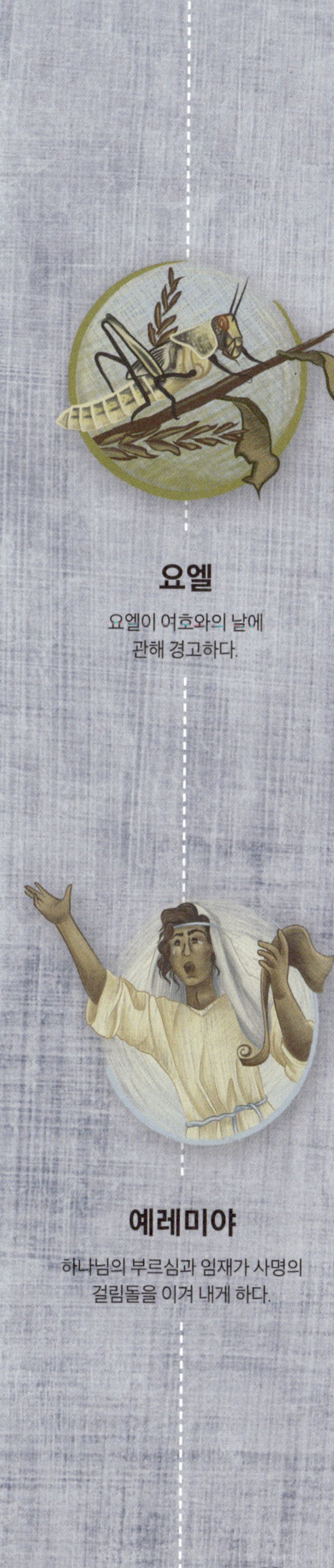

요엘

요엘이 여호와의 날에
관해 경고하다.

예레미야

하나님의 부르심과 임재가 사명의
걸림돌을 이겨 내게 하다.

본문의 이미지는 생생하고 강력합니다. 호세아는 고멜에게 버림받기는 했지만 신실했기에 그녀에게 등을 돌릴 권한이 충분했던 반면, 고멜에게는 그녀의 상황에 영향을 미칠 힘이 없었습니다. 그때 남편은 사랑하는 아내의 자유를 사기 위해 사랑으로 값을 지불했습니다. 본문은 복음 메시지에 대한 마음속 영상을 우리에게 줍니다.

노예. 고멜은 단순히 사라진 것이 아니라 노예 상태가 되었습니다. 그녀는 자신의 생활방식 때문에 덫에 걸렸고 자신의 상황을 바꿀 만한 아무런 힘이 없었고 다른 사람에게 휘둘리게 되었습니다.

구원자. 호세아는 마땅히 누릴 권리가 있었지만 그렇게 하지 않았습니다. 주님은 고멜이 원한다고 해도 호세아에게 돌아올 길이 없었기 때문에 그에게 그녀에게로 "가라"라고 명령하셨습니다.

값. 호세아는 감정이나 감상이나 선의로 고멜을 되산 것이 아니었습니다. 자유가 쉽게 얻어지는 것이 아님을 알았던 그는 멀리서 그녀를 향한 그분의 사랑에 대해 외치는 대신, 사랑하는 아내의 자유를 위해 지불할 돈을 잔뜩 준비했습니다.

그리스도와의 연결

고멜이 호세아에게 돌아올 힘이 없을 때 호세아가 그녀에게 갔던 것처럼, 예수님은 우리가 아주 간절하게 필요로 했던 구원자로서 우리에게 오셨습니다. 자신의 죽음과 부활을 통해 예수님은 죄와 죽음의 사슬을 끊으시고, 하나님의 백성에게 자유를 주셨습니다. 이는 우리 노력이 아니라 우리에게 오실 정도로 우리를 사랑하셨던 분에게서 온 것입니다. 우리는 불신실했지만, 하나님은 우리를 대신해 자기 생명을 포기하심으로 신실하심을 보여 주셨습니다.

그뿐 아니라 더 위대한 방식으로, 우리 자유를 위해 지불해야 하는 더 큰 값이 있었습니다. 하나님의 정의는 죽음을 요구했는데, 예수님 그분이 지불되었습니다. 그분이 자기 생명을 포기하신 덕분에 우리가 자유를 누릴 수 있게 되었습니다.

이 과정이 '구속'이라는 단 한 단어로 요약될 수 있습니다. '구속한다'는 것은 문자적으로 그것을 '되산다'라는 뜻입니다. 바로 이것을 호세아가 고멜을 위해 행했습니다. 그리고 이것이 바로 예수 그리스도께서 십자가에서 우리를 위해 행하셨던 것입니다.

새 언약

하나님이 자기 백성 가운데 거하실 것을 약속하시다.

예루살렘의 몰락

하나님의 백성이 완악해져서 몰락하다.

하나님이 들려주시는 이야기는 오늘을 사는 나와 늘 연결되어 있습니다. 아래 질문에 답하면서 성경 이야기가 내 이야기와 어떻게 연결되는지 생각해 봅시다.

▶ 죄가 우리를 자유롭게 하는 것이 아니라 노예로 삼는 함정이라는 것을 어떻게 알 수 있나요?

▶ 고멜처럼, 살아가면서 계속 반복하게 되는 죄는 무엇입니까?

▶ 호세아와 고멜의 이야기는 하나님의 성품에 관해, 특히 하나님에 대한 우리의 불충에 관해 무엇을 가르쳐 줍니까?

▶ 어떻게 하면 하나님께 전적으로 헌신할 수 있을까요?

하나님의 이야기
하나님이 그분의 아들
예수 그리스도를 통해
우리를 구속해 주신 이야기

우리의 이야기
우리의 이야기가
하나님의 이야기와
만나는 곳

YOUR MISSION

생 각

고멜처럼 우리도 이 세상의 행태와 방식의 노예가 되어 있습니다. 우리 자신의 죄에 매여 있는 우리는, 우리의 본성과 선택 때문에 이 사슬에서 벗어날수가 없습니다. 누군가가 개입해 주지 않으면 영원히 매여 있을 것입니다.

- 선지가 호세아('구원자'라는 뜻)는 어떤 점에서 예수님과 그분의 사역을 닮았나요?

- 고멜을 향한 호세아의 사랑을 이해하는 것은 우리를 사랑하신 하나님께 감사하는 데 어떤 도움이 될까요?

마 음

하나님의 사랑은 우리 문화에서 말하는 사랑과 극명하게 대조됩니다. 우리는 운동, 영화, 애완동물, 음식, 연예인, 게임 등 아주 많은 것을 사랑합니다. 우리가 생각 없이 남발하게 되면서 '사랑'이라는 말은 평범하게 되었습니다. 적어도 '사랑'이라는 단어가 사용되는 방식에 근거해 보면, 그것은 결단과 헌신이 아니라 개인적인 선택과 기호라는 불안정한 토대에 기초합니다. 우리는 하나님에게서 사랑의 참된 정의를 발견할 수 있습니다. 그것은 말이 아니라 행동으로 빚어진, 예수님의 십자가 사역으로 예증된 것입니다.

- 우리 문화에서는 사랑에 관해 어떻게 정의합니까?

- 그것은 성경에 나타난 하나님의 사랑과 어떻게 다릅니까?

행 동

우리는 하나님이 우리를 찾아오심과 사랑, 친히 치르신 큰 희생에 비추어 우리도 다른 사람을 찾아가서 사랑하도록 부름받았습니다. 사랑받았으므로 사랑합니다(요일 4:11). 호세아의 경우에서 보듯, 이는 과도한 애착이 아니며 아무런 대가가 없는 것도 아니지만 큰 희생 또한 따를 것입니다. 시간을 희생하고, 우선순위를 재정립하며 희생해야 합니다. 그것이 너무 크게 느껴질 때에는, 하나님이 우리를 위해 치르신 희생을 기억하면 도움이 될 것입니다.

- 왜 하나님은 호세아에게 고멜과 결혼하라고 하셨을까요? 그가 하나님의 메시지를 말로만 전달하는 것으로는 충분하지 않았던 이유는 무엇일까요?

- 다른 사람에게 복음을 전할 때, 호세아 이야기를 어떻게 사용할 수 있을까요?

> 다음 모임까지 **시편 108~109편; 역대상 23~26장**을 읽어 보세요.

08
요나,
저들도 내가 사랑한단다

성경 말씀   요나 1장 1~5, 15~17절; 2장 7절~3장 5절; 4장 1~4절

포 인 트   하나님이 구원해 주시는 은혜는 우리가 원수라고 여기는 사람에게도 펼쳐진다.

등 장 인 물   삼위일체 하나님(성부, 성자, 성령)
요나(니느웨 사람들에게 파송된 선지자. 물고기의 배 속에서 3일을 보냄)

메시지 좌표   요나 이야기는 아마도 성경에서 가장 잘 알려지고, 자주 언급되는 이야기 가운데 하나일 것입니다. 또한 많은 오해를 받는 이야기이기도 합니다. 왜냐하면 사람들이 종종 요나를 주인공으로 여겨서 그가 큰 물고기를 만난 사건에만 집중하기 때문입니다. 요나가 중요한 역할을 하기는 했지만, 이 이야기의 진짜 주인공은 하나님이십니다. 즉 요나와 그가 몹시 싫어했던 니느웨(아시리아의 수도) 사람들을 흔들림 없이 붙잡으신 하나님의 이야기입니다.

요나

하나님은 사람들이 구원의 기쁜 소식을 들을 수 있도록 노력하신다.

요엘

요엘이 여호와의 날에 관해 경고하다.

요나야, 어딜 가느냐?

사람이 하나님에게서 도망칠 수 있을까요? 하나님은 사람과 같지 않으십니다. 그분의 손이 닿지 않는 곳이 없고, 그분의 눈은 온 땅을 살피십니다. 그러나 요나는 선지자임에도 불구하고, 하나님의 부르심을 못마땅하게 여겨서 멀리 도망갔습니다.

아담과 하와처럼, 요나도 도망쳐서 숨었습니다. 그러나 하나님은 문제를 덮어 주는 것으로 만족하지 않으셨습니다.

> **요나 1장 1~5절**
> 여호와의 말씀이 아밋대의 아들 요나에게 임하니라 이르시되 너는 일어나 저 큰 성읍 니느웨로 가서 그것을 향하여 외치라 그 악독이 내 앞에 상달되었음이니라 하시니라 그러나 요나가 여호와의 얼굴을 피하려고 일어나 다시스로 도망하려 하여 욥바로 내려갔더니 마침 다시스로 가는 배를 만난지라 여호와의 얼굴을 피하여 그들과 함께 다시스로 가려고 뱃삯을 주고 배에 올랐더라 여호와께서 큰바람을 바다 위에 내리시매 바다 가운데에 큰 폭풍이 일어나 배가 거의 깨지게 된지라 사공들이 두려워하여 각각 자기의 신을 부르고 또 배를 가볍게 하려고 그 가운데 물건들을 바다에 던지니라 그러나 요나는 배 밑층에 내려가서 누워 깊이 잠이 든지라

순종하기 어려운 곳에 가거나 일을 행하도록 하나님이 부르신 적이 있나요? 그때 어떻게 반응했나요?

요나가 했던 것과 같은 실수를 반복하지 않으려면 어떻게 해야 할까요?

구원은 여호와께 속했나이다

역설적이게도, 요나는 자신이 니느웨 사람과 똑같은 처지에 놓여 있음을 발견하였습니다. 그는 불순종했고, 하나님의 훈련 한가운데서 살고 회개하고 용서를 구해야 했습니다. 어떤 의미에서 요나는 하나님이 니느웨 사람에게 주셨던 메시지를 자기 자신에게 선포해야 했습니다. 그리고 그렇게 했을 때, 요나는 일찍이 자신을 그처럼 격노하게 내모셨던 하나님의 성품에 감사했습니다. 물고기 배 속에서 요나가 드린 기도가 요나 2장 7절에 기록되어 있습니다.

내 영혼이 내 속에서 피곤할 때에 내가 여호와를 생각하였더니 내 기도가
주께 이르렀사오며 주의 성전에 미쳤나이다 거짓되고 헛된 것을 숭상하는
모든 자는 자기에게 베푸신 은혜를 버렸사오나 나는 감사하는 목소리로 주께
제사를 드리며 나의 서원을 주께 갚겠나이다 구원은 여호와께 속하였나이다
하니라 여호와께서 그 물고기에게 말씀하시매 요나를 육지에 토하니라

요나가 회개하자 이야기가 다시 시작되는 것만 같습니다. 요나는 니느웨로 가서 선포하라는 명령을 그대로 다시 받았습니다. 그러나 이번에는 하나님이 더 분명하게 말씀하셨습니다. 요나는 절대로 즉흥적으로 내용을 바꿀 수가 없었습니다. 하나님이 그에게 말하라고 명령하신 그대로 전해야 했습니다.

여호와의 말씀이 두 번째로 요나에게 임하니라 이르시되 일어나
저 큰 성읍 니느웨로 가서 내가 네게 명한 바를 그들에게 선포하라
하신지라 요나가 여호와의 말씀대로 일어나서 니느웨로 가니라
니느웨는 사흘 동안 걸을 만큼 하나님 앞에 큰 성읍이더라 요나가 그
성읍에 들어가서 하루 동안 다니며 외쳐 이르되 사십 일이 지나면
니느웨가 무너지리라 하였더니 니느웨 사람들이 하나님을 믿고
금식을 선포하고 높고 낮은 자를 막론하고 굵은 베 옷을 입은지라

요나가 자신도 니느웨 사람들처럼 회개해야 한다는 사실을 깨달았을 때 마음이 어땠을까요? 그 이유는 무엇인가요?

요나의 메시지가 어떻게 그렇게 빨리 니느웨 사람들의 마음을 꿰뚫었을까요?

네가 성내는 것이 옳으냐?

요나는 하나님의 말씀과 그분의 은혜로운 성품을 확신했습니다. 그러나 안타깝게도 요나는 개인적인 미움과 편견을 극복하지 못했습니다. 그래서 많은 니느웨 사람이 회개하며 하나님께 부르짖을 때, 기뻐하기보다는 화를 냈습니다.

예레미야

하나님의 부르심과 임재가 사명의 걸림돌을 이겨 내게 하다.

새 언약

하나님이 자기 백성 가운데 거하실 것을 약속하시다.

그리스도와의 연결

여기서 잠시 이 이야기를 우리에게 비추어 살펴봅시다. 우리 앞에 하나님의 원수가 있습니다. 우리 앞에 회개와 용서의 메시지를 전하라고 주님이 선택하신 전달자가 있습니다. 그 전달자가 하나님의 뜻에 따르기를 꺼려 도망갔다가, 물고기에게 삼킴을 당해 삼 일 밤낮을 머물렀습니다. 이것이 바로 요나의 이야기입니다.

그러나 이것은 우리의 이야기가 아닙니다. 우리의 이야기는 우리가 하나님의 원수였다는 것입니다. 하나님은 또 다른 사자, 곧 더 나은 자를 세우셔서 회개와 용서의 메시지를 전하게 하셨습니다. 그분은 자기 생명을 바치면서까지 하나님의 뜻에 전적으로 순종하셨습니다. 그분도 삼켜져 삼 일 밤낮을 보내셨습니다. 다만 물고기가 아닌 무덤에 삼켜지셨습니다. 그런 후에 승리를 거두셨습니다. 예수님은 두 번째 요나이지만 더 나은 요나이십니다. 우리는 원수였지만 그 때문에 용서받게 되었습니다.

예루살렘의 몰락

하나님의 백성이
완악해져서 몰락하다.

에스겔의 환상

하나님은 죽은 자를
일으키실 수 있다.

	알짬 교리 **99**
자비로우신 하나님	

'자비'란 하나님의 긍휼을 가리키는 것으로, 죄의 형벌 같은 것을 유보하시는 하나님의 모습으로 종종 나타납니다(엡 2:4~5; 딛 3:5). 인간에게 자비와 은혜는 과분합니다. 하나님의 자비와 은혜를 얻기 위해 인간이 할 수 있는 일이 아무것도 없다는 의미에서 그렇습니다. 만약 그러한 것이 있다면, 자비나 은혜는 더 이상 값없는 선물이 아닐 것입니다.

하나님이 들려주시는 이야기는 오늘을 사는 나와 늘 연결되어 있습니다. 아래 질문에 답하면서 성경 이야기가 내 이야기와 어떻게 연결되는지 생각해 봅시다.

▶ 하나님의 뜻에 맞게 살도록 하나님은 당신을 어떻게 훈련하셨습니까?

▶ 만약 당신이 요나라면, 큰 물고기 배에 들어갔다 나온 후에 관점이 어떻게 달라졌을까요?

▶ 왜 요나는 니느웨 백성에게 주님의 말씀을 전하기를 꺼렸을까요? 요나처럼 하나님이 행하라고 하신 일을 못마땅하게 느낀 적이 있나요?

▶ 이 이야기에서 볼 때 당신은 요나에 가깝나요, 아니면 니느웨 백성에 가깝나요? 두 가지 입장에서 모두 배우는 것이 왜 중요할까요?

하나님의 이야기
하나님이 그분의 아들
예수 그리스도를 통해
우리를 구속해 주신 이야기

우리의 이야기
우리의 이야기가
하나님의 이야기와
만나는 곳

생 각

사실은 요나가 옳았습니다. 니느웨 사람들은 사악해서 처벌받아 마땅했습니다. 의심의 여지없이, 지금도 하나님의 의로운 심판을 받아 마땅한 사람이 있고, 우리 또한 그렇습니다. 요나도 불순종으로 인해, 사공들도 우상 숭배로 인해 처벌받아 마땅했습니다. 요나가 경외했던 하나님은 은혜롭고 긍휼하신 분입니다. 우리는 왜 다른 사람의 괴로움을 보고 기뻐할까요? 자신이 은혜를 받을 때는 하나님의 은혜를 사랑하지만, 원수를 사랑하시는 하나님은 못마땅하기 때문입니다.

- 하나님은 당신이 누구에게 다가가길 원하십니까? 당신은 그 사람을 향해 달려가고 있나요? 아니면 그 사람을 피해 도망가고 있나요?

- 하나님은 당신이 어떤 식으로 그 사람에게 하나님을 전하길 바라실까요?

마 음

요나처럼, 우리는 마음에 오랫동안 지니고 살아온 선입견과 미움에 직면해야 합니다. 그것은 우리로 하여금 다른 사람에게 용서와 긍휼을 베풀지 못하게 합니다. 다른 사람에게 악의를 지니는 것은, 하나님이 주신 은혜를 진실로 이해하지 못했으며 충분히 경험하지 못했음을 보여 주는 것입니다.

- 하나님은 화내는 요나에게 질문하며 그가 무엇을 깨닫기 원하셨을까요(욘 4:4)?

- 하나님이 하셨거나, 허락하셨거나, 요구하신 일로 인해 화가 났던 적이 있나요? 만약 주님이 왜 화를 내느냐고 물으신다면 어떻게 반응하겠습니까?

행 동

하나님의 말씀을 전하라는 부르심을 받으면, 자신에게 그럴 자격이 없다고 생각하거나 두려움을 느낄 수 있습니다. 그런데 강한 도시 니느웨가 순종한 사건은 하나님의 말씀은 살아 있고 활력이 있어서 혼과 영을 찔러 쪼개기까지 할 수 있다는 사실을 보여 줍니다(히 4:12). 우리는 예수 그리스도의 복음 메시지에 담긴 내적 권세 덕분에 하나님의 말씀을 담대히 전할 수 있습니다.

- 요나의 메시지로 인한 엄청난 결과에 놀라거나 놀라지 않는 이유는 무엇입니까?

- 이것은 하나님의 말씀의 권능에 관해 우리에게 무엇을 보여 줍니까?

> 다음 모임까지 **시편 131편; 138~139편; 143~145편**을 읽어 보세요.

09

요엘,
너는 말하여라

성경 말씀 — 요엘 1장 1~14절; 2장 12~14, 18, 25~32절

포 인 트 — 회개한다는 것은 우리 죄를 한탄하고 죄에서 떠나 하나님께 용서를 구하는 것을 포함한다.

등 장 인 물 — 삼위일체 하나님(성부, 성자, 성령)
요엘(말씀 선포 사역을 하고 요엘서를 기록한 선지자)

메시지 좌표 — 이 과에서는 선지자 요엘의 사역을 살펴볼 것입니다. 요엘은 하나님의 백성에게 '여호와의 날'에 관해 경고했습니다. 여호와의 날은 하나님이 그분의 원수를 심판하시고, 자기 백성을 위해 세상을 회복하시는 날입니다.

요엘

요엘이 여호와의 날에
관해 경고하다.

예레미야

하나님의 부르심과 임재가 사명의
걸림돌을 이겨 내게 하다.

메뚜기가
다 먹어 치울 거야

우리는 선지자 요엘에 관해 잘 알지 못합니다. 그러나 그가 주님께 받아 선포한 메시지에는 죄가 지닌 끔찍한 속성에 관한 진리가 담겨 있다는 것은 압니다. 요엘의 시대에 전례 없는 재앙이 유다 땅을 덮쳤습니다. 요엘은 이 재앙이 불행이나 우연한 사건으로 치부되지 않기를 바랐습니다. 그것은 하나님의 심판이었기 때문입니다.

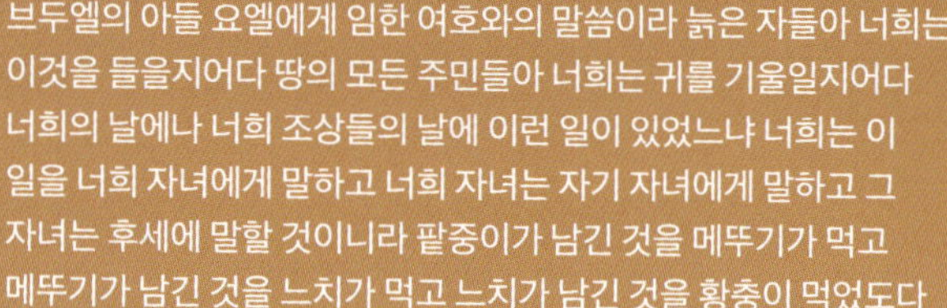

요엘 1장 1~4절

브두엘의 아들 요엘에게 임한 여호와의 말씀이라 늙은 자들아 너희는 이것을 들을지어다 땅의 모든 주민들아 너희는 귀를 기울일지어다 너희의 날에나 너희 조상들의 날에 이런 일이 있었느냐 너희는 이 일을 너희 자녀에게 말하고 너희 자녀는 자기 자녀에게 말하고 그 자녀는 후세에 말할 것이니라 팥중이가 남긴 것을 메뚜기가 먹고 메뚜기가 남긴 것을 느치가 먹고 느치가 남긴 것을 황충이 먹었도다

요엘은 백성들에게 엄청난 사실을 알려 주었습니다. 메뚜기 떼는 백성들이 자기 죄를 깨닫고, 주님께 돌아오도록 하기 위한 것이었습니다. 주님께 돌아오는 것의 시작은 죄에 합당한 슬픔을 감당하는 것입니다.

하나님이 메뚜기 떼를 경고로 보내셨다는 점이 놀랍습니까? 하나님이 메뚜기를 사용해 메시지를 보내신 이야기를 성경의 어느 곳에서 또 볼 수 있습니까?

그만 죄짓고 돌아와

요엘의 시대에 하나님은 백성들에게 죄짓기를 멈출 뿐 아니라, 기쁨과 만족의 유일한 참 근원이신 하나님께로 돌아오라고 말씀하셨습니다.

> **요엘 2장 12~14절**
>
> 여호와의 말씀에 너희는 이제라도 금식하고 울며 애통하고 마음을 다하여 내게로 돌아오라 하셨나니 너희는 옷을 찢지 말고 마음을 찢고 너희 하나님 여호와께로 돌아올지어다 그는 은혜로우시며 자비로우시며 노하기를 더디하시며 인애가 크시사 뜻을 돌이켜 재앙을 내리지 아니하시나니 주께서 혹시 마음과 뜻을 돌이키시고 그 뒤에 복을 내리사 너희 하나님 여호와께 소제와 전제를 드리게 하지 아니하실는지 누가 알겠느냐

회개

알짬 교리 **99**

'회개'는 하나님의 은혜로운 구원의 부르심에 대한 응답입니다. 자기 죄에 대한 진정한 슬픔(눅 5:1~11), 자기 죄에서 돌이켜 그리스도께로 나아가는 것(행 26:15~20), 그리고 지속적인 변화와 변혁을 이루는 삶(시 119:57~60)을 수반합니다. 하나님의 중생 사역에 대응되는 인간의 행위이자, 회심의 인간적 측면이기도 합니다.

그날에 내 영을 부어 주리라

본문은 당시 어떤 일이 있었는지 정확히 알려 주지 않지만, 일부 학자들은 요엘서 뒷부분의 분위기가 극적으로 바뀐다는 점에서 요엘이 전한 메시지를 백성들이 받아들였다고 믿습니다. 백성들이 회개했고, 땅에서 일어나는 주님의 긍휼을 보기 시작했습니다. 2장에서는 회복에 대한 하나님의 약속이 즉각적으로 성취되었음을 볼 수 있습니다. 또한 본문이 하나님의 영에 의한 훨씬 더 위대하고 지속적인 회복을 가리키고 있음을 알게 됩니다.

새 언약

하나님이 자기 백성 가운데 거하실 것을 약속하시다.

예루살렘의 몰락

하나님의 백성이 완악해져서 몰락하다.

에스겔의 환상

하나님은 죽은 자를
일으키실 수 있다.

**포로로 유배
중에도 신실함**

하나님의 백성이 거룩함을 추구할
때, 다른 이들이 주목한다.

그리스도와의 연결

오늘날 우리는 여호와의 날을 고대하면서, 인간의 죄에 관한 하나님의 인내가 영원히 지속되지 않을 것이라는 사실을 기억해야 합니다. 예수 그리스도의 복음 메시지를 어떻게 대했는지, 자신의 행동에 책임져야 할 날이 다가오고 있습니다.

오늘날 하나님의 심판에 관해 말하는 것은 인기가 없는 일이긴 하지만, 하나님의 심판은 피할 수 없는 실재입니다. 따라서 하나님의 사랑에 관해 말하기는 좋아하면서도 하나님의 죄 심판에 관해 말하는 것은 주저하는 그리스도인이 되어서는 안 됩니다. 성령의 은사를 깊이 들이마시면서도 주변 사람들에게 심판을 피할 길을 알려 주지 않는 인색한 사람이 되어서는 안 됩니다. 여호와의 날 동안에도 피할 길은 있습니다. 그러니 주변 사람들에게 이 메시지를 적극적으로 전해야 합니다.

하나님이 들려주시는 이야기는 오늘을 사는 나와 늘 연결되어 있습니다. 아래 질문에 답하면서 성경 이야기가 내 이야기와 어떻게 연결되는지 생각해 봅시다.

▶ 죄를 슬퍼한다는 것은 어떤 의미입니까?

▶ 죄의 결과에 대해 슬퍼하는 것과 죄 자체를 슬퍼하는 것에는 어떤 차이가 있습니까?

▶ 슬픔이라는 감정에 동반되는 행동에는 어떤 것들이 있나요? 오늘날 우리는 죄에 관한 슬픔을 어떤 행동으로 표현합니까?

▶ 마음과 행동으로 회개하는 것이 왜 중요할까요?

하나님의 이야기
하나님이 그분의 아들
예수 그리스도를 통해
우리를 구속해 주신 이야기

우리의 이야기
우리의 이야기가
하나님의 이야기와
만나는 곳

YOUR MISSION

HEAD

생 각

요엘 1장 1~14절은 창조 세계를 다스리시는 하나님의 통치가 수동적이지 않고, 삶의 가장 세밀한 것까지 적극적으로 간섭하심을 보여 줍니다. 이후에 예수님이 마태복음 6장 25~26절에서 제자들에게 염려하지 말라고 명령하실 때, 이러한 진리의 긍정적인 면을 표현하십니다. 믿는 자가 염려하지 않을 수 있는 것은 우리의 태도나 인격 때문이 아니라 하나님이 삶의 모든 세밀한 점까지 깊이 간섭하심을 알기 때문입니다.

- 자기 삶 가운데 하나님이 활동하시는 것을 경험한 적이 있나요?

- 하나님의 임재를 '느끼지' 못할 때, 하나님이 삶의 작은 부분까지도 간섭하신다는 진리가 어떻게 도움이 될까요?

HEART

마 음

요엘 시대 이스라엘 백성들의 죄처럼, 우리 죄도 실제적이고 비통한 결과를 초래합니다. 그런데 죄의 결과에 대해 슬퍼하는 것과, 죄 자체를 슬퍼하는 것은 다릅니다. 전자는 우리를 후자로 나아가게 합니다. 죄를 슬퍼해야 하는 가장 큰 이유는 그것이 우리 삶에 행해졌기 때문이 아니라 하나님의 마음과 영광에 행해졌기 때문입니다.

- 하나님은 우리가 삶 가운데 짓는 죄를 보며 어떻게 생각하실까요?

- 우리를 사랑하는 사람들에게 우리의 죄는 어떻게 받아들여질까요?

HANDS

행 동

하나님은 모든 족속, 방언, 민족의 사람들을 찾으십니다. 복음에 충분히 표현된 하나님의 은혜로운 성품을 알기 위해 다가오는 사람들을 맞이할 준비가 되어 있으십니다. 예수 그리스도의 죽음과 부활은 하나님의 은혜와 자비를 최종적으로 선언합니다. 아들의 희생을 통해 분명하게 드러난 하나님의 모습은 팔을 활짝 벌리고 기다리고 계시며 하나님께로 기꺼이 회개하고 돌아오는 모든 자를 초대하시는 분이라는 것입니다.

- 회개하는 마음과 회개에 따른 행동을 모두 갖는 것이 중요한 이유는 무엇일까요?

- 왜 많은 그리스도인이 하나님의 심판에 관해 말하는 것을 부담스럽게 여길까요?

> 다음 모임까지 시편 111~118편; 열왕기상 1~2장;
> 시편 37편; 71편; 94편을 읽어 보세요.

10

예레미야,
내 말을 전하여라

성 경 말 씀 — 예레미야 1장 4~10절

포　인　트 — 하나님은 택하신 자들이 그분의 이름으로 섬길 수 있도록 준비시키신다.

등 장 인 물 — 삼위일체 하나님(성부, 성자, 성령)
예레미야(유다와 예루살렘에 대한 하나님의 심판을 거듭 선포했던 선지자이지만, 또한 소망의 선지자이기도 함)

메시지 좌표 — 다음으로 살펴볼 선지자는 예레미야입니다. 예레미야는 태어나기 전부터 하나님의 선지자로 부름받았습니다. 예레미야는 백성들이 듣고 싶은 것과는 정반대 내용을 예언했기 때문에 반대와 핍박에 부딪혀야만 했습니다. 그러나 이러한 난관에도 불구하고 예레미야는 하나님의 부르심에 신실했습니다. 우리는 예레미야의 이야기에서 주님의 메시지를 전하라고 우리를 부르신 하나님이 그 사명을 감당할 힘도 주신다는 사실을 배울 수 있습니다.

예레미야

하나님의 부르심과 임재가 사명의
걸림돌을 이겨 내게 하다.

새 언약

하나님이 자기 백성 가운데
거하실 것을 약속하시다.

네가 태어나기 전부터 너를 불렀단다

> **예레미야 1장 4~5절**
>
> 여호와의 말씀이 내게 임하니라 이르시되 내가 너를 모태에 짓기
> 전에 너를 알았고 네가 배에서 나오기 전에 너를 성별하였고
> 너를 여러 나라의 선지자로 세웠노라 하시기로

예레미야 1장 4~5절은 짧지만, 하나님의 성품과 권능에 대한 강력한 통찰을 제공합니다. 때로는 그리스도인들조차 자신을 피해자로 여기는 경향이 있습니다. 그러나 성경이 하나님에 관해 말하는 바를 정말로 믿는다면, 하나님이 뜻 가운데 우리를 지으셨고, 주님의 뜻을 성취하도록 우리를 부르신다는 사실을 받아들여야 합니다.

예레미야가 걷고, 말하고, 자기 생각을 완벽하게 표현할 수 있기 오래전부터 하나님은 그를 열방을 위한 선지자로 구별하셨습니다. 하나님은 예레미야에게 임무를 주시기 전에 처음부터 그의 인생을 계획하고 계셨음을 알게 하셨습니다. 하나님은 목적을 가지고 그를 지으셨고, 그분의 뜻을 이룰 수 있도록 미리 계획하신 사명을 주어 세상으로 보내셨습니다.

> 하나님은 뜻 가운데 우리를 지으셨고, 세상을 위한 그분의 계획을 성취하기 위해 우리를 부르셨습니다. 이러한 점은 하나님의 성품에 관해 무엇을 말해 줍니까? 우리 삶의 목적은 무엇입니까?

저는 말을 잘 못하는데요?

하나님이 자신을 지으시고 부르셨다는 사실을 알았지만, 예레미야는 여전히 사명을 맡기를 주저했습니다. 그는 주님의 사자로서 주저하던 첫 번째 사람이 아니었고, 또한 마지막 사람도 아닐 것입니다. 그런데 많은 이들이 그랬던 것처럼 항변할 때 그는 초점을 잘못 맞추었습니다.

예레미야의 초점이 어디에 있었는지를 여러분은 아십니까? 그는 자기 자신, 즉 자신의 약점과 제한된 능력과 경험 부족에 초점을 두었습니다. 이러한 점은 모세와 다르지 않습니다. 모세는 사명을 주시는 하나님께 자기는 말을 잘하지 못하므로 이스라엘 백성이 자기 말을 듣지 않을 것이라고 항변했습니다.

'성공'이 무엇이라고 생각합니까? 이는 하나님의 관점과 어떻게 다릅니까?

성공에 관한 정의를 하나님의 관점에 맞추려면 어떻게 해야 할까요?

내가 내 말을 네 입에 두었단다

'주님이 이렇게 말씀하신다'라고 말할 수 있는 특권이 예레미야에게 주어졌습니다. 예레미야는 온 나라에 전할 하나님의 말씀을 받았습니다. 그 말씀에는 힘이 있었습니다. 예레미야의 메시지는 공

예루살렘의 몰락

하나님의 백성이
완악해져서 몰락하다.

에스겔의 환상

하나님은 죽은 자를
일으키실 수 있다.

허한 수사가 되지 않을 것이며, 그것을 주시는 분으로 인해 강력한 힘을 갖게 될 것입니다. 미래에 그의 삶에 어떤 일이 일어난다고 해도, 이 선지자는 자신이 하나님의 말씀을 전하고 있음을 알 것이며, 그 덕분에 하나님의 말씀에 의지할 수 있을 것입니다.

포로로 유배 중에도 신실함

하나님의 백성이 거룩함을 추구할 때, 다른 이들이 주목한다.

불로 시험을 받음

사드락, 메삭, 아벳느고가 하나님의 보호를 신뢰하다.

그리스도와의 연결

예레미야는 다른 시기의 또 다른 선지자를 떠올리게 합니다. 주의 말씀을 들어야 할 백성들을 훨씬 더 깊이 생각하셨던 분 말입니다. 주의 말씀을 알지 못한 채 회개하지도 않는 백성을 향해 울며 그들이 하나님께 돌아오기를 전심으로 열망하셨던 분 말입니다. 예레미야 시대에 하나님이 백성들을 찾으셨듯이 예수님도 그들 때문에 비탄에 잠기심으로써 하나님의 깊은 마음을 보여 주셨습니다. "예루살렘아 예루살렘아 선지자들을 죽이고 네게 파송된 자들을 돌로 치는 자여 암탉이 그 새끼를 날개 아래에 모음같이 내가 네 자녀를 모으려 한 일이 몇 번이더냐 그러나 너희가 원하지 아니하였도다 보라 너희 집이 황폐하여 버려진 바 되리라 내가 너희에게 이르노니 이제부터 너희는 찬송하리로다 주의 이름으로 오시는 이여 할 때까지 나를 보지 못하리라 하시니라"(마 23:37~39).

예수님을 따르길 원한다면, 어떤 대가를 치르더라도 하나님의 부르심에 신실해야 합니다. 나아가 주변 사람들에게 복음을 전하러 다가갈 때, 하나님의 마음으로 할 수 있도록 기도해야만 합니다.

전도　　　　　　　　　　　알짬 교리 **99**

모든 민족을 제자로 삼는 것은 모든 그리스도인과 모든 교회의 의무이자 특권입니다. 하나님의 성령으로 영이 거듭났다는 것은 다른 사람들을 사랑하는 사람으로 거듭났다는 뜻입니다. 따라서 모든 이를 향한 선교적 노력은 거듭난 생명의 영적 필요에 달려 있으며, 그리스도의 가르침 속에 분명히 그리고 반복적으로 나타나는 명령입니다. 주 예수 그리스도께서는 모든 민족에 복음을 전할 것을 명하셨습니다. 그리스도인의 삶의 모습을 눈앞에 보여 주고, 말로 증언함으로써, 잃어버린 자들을 그리스도께 인도하고자 끝없이 노력하는 것은 모든 하나님의 자녀에게 주어진 의무입니다.

하나님이 들려주시는 이야기는 오늘을 사는 나와 늘 연결되어 있습니다. 아래 질문에 답하면서 성경 이야기가 내 이야기와 어떻게 연결되는지 생각해 봅시다.

▶ 하나님이 우리 삶에 목적과 계획을 갖고 계시다는 사실을 얼마나 자주 생각하나요? 이런 생각을 자주 하면 일상생활에 임하는 방식이 어떻게 달라질까요?

▶ 예레미야가 '눈물의 선지자'로 불리고, 예수님이 예루살렘의 상태를 보고 우셨다는 사실은 하나님을 알지 못하는 사람들을 바라보는 관점에 관해 무엇을 가르쳐 줍니까? 이번 과가 비그리스도인을 바라보는 당신의 관점에 어떤 영향을 미쳤습니까?

▶ 하나님이 주신 사명을 위해 살려면, 자기 자신이 아닌 하나님께 초점을 맞춰야 하는 이유는 무엇입니까? 초점을 잘못 맞추면 어떤 일이 벌어질까요?

▶ 복음을 전하는 사자가 되는 데 어떤 걸림돌이 있나요? 하나님의 영원한 임재를 기억하는 것은 복음을 전하는 데 어떤 도움이 될까요?

하나님의 이야기
하나님이 그분의 아들
예수 그리스도를 통해
우리를 구속해 주신 이야기

우리의 이야기
우리의 이야기가
하나님의 이야기와
만나는 곳

YOUR MISSION

HEAD

생 각

본문은 우리가 세포와 조직으로 뒤죽박죽 지어진 존재 이상임을 알려 줍니다. 하나님이 인간의 삶에 적극적으로 간섭하신다면, 모든 인간의 삶은 내적인 가치가 있습니다. 우리는 자기 자신과 자녀와 후손을 생각할 때 똑같은 반응을 보여야 합니다. 복잡한 인간의 존재와 삶은 그 자체가 하나님의 실재와 영광을 가리키는 표지판입니다.

- 하나님이 모든 사람에게 역사하신다는 것을 제대로 깨닫지 못했음을 보여 주는 모습에는 어떤 것들이 있을까요?

- 하나님이 우리를 지으셨다는 사실을 진심으로 깨달으면, 자기 자신과 다른 사람을 보는 관점이 어떻게 달라질까요?

HEART

마 음

지금은 그 어느 때보다 하나님의 말씀에 쉽게 접근할 수 있습니다. 그러나 하나님의 말씀이 실제로 뜻하는 바를 잘 모르는 경우가 많습니다. 예수님을 따르기 원한다면, 말씀의 사람이 되어야 합니다. 말씀을 조심히 다루고, 아끼고, 사랑하며, 기억해야 합니다. 그렇게 할 때, 하나님의 말씀이 우리 안에 거하심을 알게 될 것입니다. 말씀이 우리 안에 자리 잡으면, 자연스럽게 말씀이 흘러나오게 될 것입니다.

- 하나님의 말씀에 관한 사랑과 지식을 키우기 위해 들이고 있는 습관이 있나요?

- 이러한 습관을 들이지 못하게 방해하는 것들은 무엇입니까?

HANDS

행 동

하나님의 말씀을 알고 난 다음에는 말씀을 적극적으로 선포해야 합니다. 사람들에게 거부당할 수도 있지만, 그럼에도 우리는 하나님의 말씀을 적극적으로 전해야 합니다.

- 하나님의 진리를 다른 사람들에게 전하지 못하게 막는 걸림돌은 무엇입니까?

- 하나님이 예레미야를 부르신 이야기는 다른 사람들에게 진리를 전하는 임무를 수행하는 데 어떻게 위로가 됩니까?

> 다음 모임까지 시편 119:1~88; 열왕기상 3~4장;
> 역대하 1장; 시편 72편을 읽어 보세요.

11

예레미야, 희망을 선포해라

성 경 말 씀 예레미야 17장 1~10절; 31장 31~34절

포 인 트 하나님은 우리 마음에 율법을 쓰실 것과 성령을 우리 안에 거하게 하실 것을 약속하신다.

등 장 인 물 삼위일체 하나님(성부, 성자, 성령)
예레미야(유다와 예루살렘에 대한 하나님의 심판을 거듭 선포했던 선지자이지만, 또한 소망의 선지자이기도 함)

메시지 좌표 이 과에서 우리는 하나님이 자기 백성과 세우실 새 언약을 예레미야로 하여금 어렴풋이 보게 하셨다는 사실을 알게 됩니다. 이 세상 누구도 율법에 온전히 순종할 수 없으므로 하나님은 새 언약을 약속하셨습니다. 새 언약은 돌이나 양피지가 아니라, 백성들의 마음에 쓰일 것입니다. 하나님은 율법을 우리 마음에 쓰실 뿐만 아니라, 모든 신자에게 거하실 성령을 선물로 주시어 우리가 하나님의 길을 갈 수 있도록 도우십니다.

새 언약

하나님이 자기 백성 가운데
거하실 것을 약속하시다.

예루살렘의 몰락

하나님의 백성이
완악해져서 몰락하다.

죄의 DNA가 있으니 죄인이야

성경 이야기의 처음으로 돌아가 보면, 에덴동산에서는 모든 것이 선하고 옳았습니다. 그러나 거짓말쟁이가 나타나 하나님의 말씀을 왜곡시켰습니다. 인간은 그의 거짓말을 믿었고, 창조주의 사랑의 통치에서 벗어나 살기로 선택했습니다. 그러자 세상이 근본적으로 달라졌습니다. 죄가 세상에 들어왔고, 그 영향은 파괴적이었습니다.

죄는 행동이라기보다는 상태라는 사실을 놓치지 말아야 합니다. 하나님의 계시된 뜻에 어긋나는 행동을 하는 것은 죄입니다. 그러나 우리가 그렇게 행동하는 것은 우리 안에 죄성이 있기 때문입니다. 간단히 말해서 죄를 지어서 죄인이 되는 것이 아니라 죄인이기 때문에 죄를 짓는다는 것입니다. 이것은 유전입니다. 인류의 부모로부터 내려온 영적인 의미에서 죄성의 DNA를 물려받은 것입니다.

> **예레미야 17장 5~10절**
>
> 여호와께서 이와 같이 말씀하시니라 무릇 사람을 믿으며 육신으로 그의 힘을 삼고 마음이 여호와에게서 떠난 그 사람은 저주를 받을 것이라 그는 사막의 떨기나무 같아서 좋은 일이 오는 것을 보지 못하고 광야 건조한 곳, 건건한 땅, 사람이 살지 않는 땅에 살리라 그러나 무릇 여호와를 의지하며 여호와를 의뢰하는 그 사람은 복을 받을 것이라 그는 물가에 심어진 나무가 그 뿌리를 강변에 뻗치고 더위가 올지라도 두려워하지 아니하며 그 잎이 청청하며 가무는 해에도 걱정이 없고 결실이 그치지 아니함 같으리라 만물보다 거짓되고 심히 부패한 것은 마음이라 누가 능히 이를 알리요마는 나 여호와는 심장을 살피며 폐부를 시험하고 각각 그의 행위와 그의 행실대로 보응하나니

자신의 느낌을 믿었지만, 생각처럼 일이 잘 풀리지 않았던 경험이 있습니까? 다시 그런 상황에 처한다면 하나님의 말씀의 진리를 의지할 수 있겠습니까?

____

____

____

정신 차려!

백성들이 예레미야의 메시지를 거부했던 이유 가운데 하나는 아마도 그들이 예레미야가 전달하는 것과는 다른 종류의 좋은 소식을 듣고 싶어 했기 때문일 것입니다. 예레미야 시대의 백성들은 전쟁 중인 주변 국가들과의 평화, 외적인 번영, 삶의 안정 등에 관한 메시지를 듣고 싶어 했습니다.

예레미야가 주님께 받은 메시지는 물리적인 관점에서는 백성들의 기대를 충족시켜 주지 못할 수도 있었지만, 문제의 핵심을 찌르는 것이었습니다. 우리의 문제는 상상하는 것보다 훨씬 더 심각하므로 주님께 받은 메시지는 꿈꿔 왔던 것보다 훨씬 더 좋습니다.

> **예레미야 31장 31~33절**
>
> 여호와의 말씀이니라 보라 날이 이르리니 내가 이스라엘 집과 유다 집에 새 언약을 맺으리라 이 언약은 내가 그들의 조상들의 손을 잡고 애굽 땅에서 인도하여 내던 날에 맺은 것과 같지 아니할 것은 내가 그들의 남편이 되었어도 그들이 내 언약을 깨뜨렸음이라 여호와의 말씀이니라 그러나 그날 후에 내가 이스라엘 집과 맺을 언약은 이러하니 곧 내가 나의 법을 그들의 속에 두며 그들의 마음에 기록하여 나는 그들의 하나님이 되고 그들은 내 백성이 될 것이라 여호와의 말씀이니라

하나님이 예수 그리스도를 통해 우리와 맺으신 새 언약의 특징은 무엇입니까? 이것이 왜 중요할까요?

외적인 번영과 안정 때문에, 또는 천국에 가는 것 때문에 하나님을 따르도록 유혹을 받은 적이 있나요? 여기서 하나님을 향한 깊은 사랑으로 방향을 전환하는 것이 가능할까요?

새 언약을 줄게

새 언약은 우리의 가장 깊은 필요가 담긴, 즉 죄가 새겨진 마음에서 우리와 만나며, 우리에게 하나님이 거하시는 새 마음을 약속합니다. 새 언약은 창조주와 교제하며 살아가는 놀라운 특권을 줍니다. 이 약속을 통해 우리는 하나님을 진실로 아는 마음의 특권을 갖습니다.

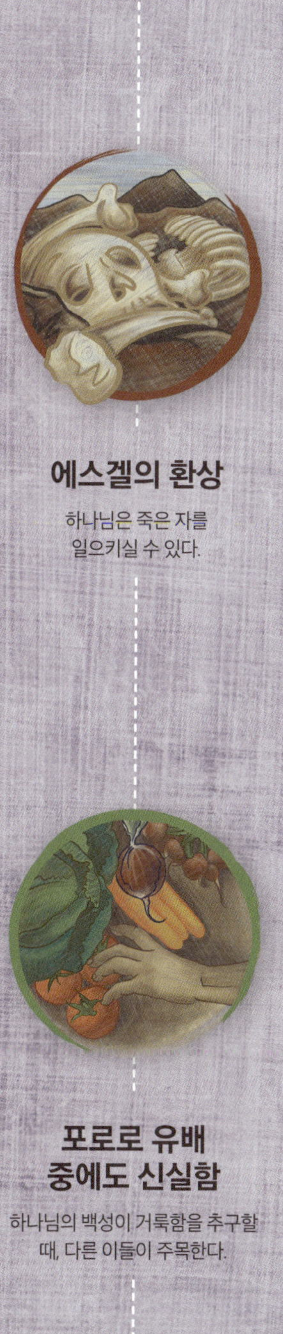

에스겔의 환상

하나님은 죽은 자를 일으키실 수 있다.

포로로 유배 중에도 신실함

하나님의 백성이 거룩함을 추구할 때, 다른 이들이 주목한다.

불로 시험을 받음

사드락, 메삭, 아벳느고가
하나님의 보호를 신뢰하다.

손이 벽에 글을 쓰다

하나님의 심판 경고와
회개의 필요성

그리스도와의 연결

우리는 하나님과 친교를 나누며 살아가도록 창조되었습니다. 세상이 죄로 깨어지기 전 하나님이 자기 형상으로 인간을 지으신 태초 이야기에서 이를 확인할 수 있습니다. 인간이 하나님의 형상으로 창조되었다는 것은 다른 피조물들은 할 수 없는 하나님과 교제할 수 있는 능력이 있음을 의미합니다. 그래서 최초 인간들은 창조주와 친교를 나누며 살 수 있었습니다.

예수님은 하나님을 알고 영원히 기뻐하는 것이 인류의 최대 목적임을 아셨습니다. 이 진리를 요한복음 17장 3절에서 간결하게 말씀하셨습니다. "영생은 곧 유일하신 참 하나님과 그가 보내신 자 예수 그리스도를 아는 것이니이다." 예수님께 있어 영생의 본질은 하나님을 아는 것이며, 우리는 복음을 통해서만 알 수 있습니다.

예수 그리스도의 복음은 우리가 기다려 왔던 새 언약입니다. 예레미야의 예언대로, 새 언약은 마음에서 우리와 만나게 될 것입니다. 우리 자신을 위해 우리가 절대 행할 수도 없었고, 하지 않았을 일을 새 언약이 우리를 위해 하게 될 것입니다. 새 언약 안에서 하나님은 우리에게 새 마음을 주실 것입니다. 죄로 새겨진 마음이 아니라, 하나님이 거하실 마음을 말입니다.

그리스도인의 삶에서의 성령의 사역   알짬 교리 **99**

그리스도인의 삶에서 성령님의 역사는 한 사람을 그리스도로 이끄는 구원 사역에서부터 그리스도를 점차 닮아 가도록 하는 성화에 이르기까지 계속됩니다. 또한 성령님은 그리스도인들에게 능력을 부어 주시고, 그들 안에 거하시며, 그들을 위해 중보하시고, 하나님 나라를 섬길 수 있는 특별한 은사를 주십니다. 신자들의 위로자인 성령님은 우리가 성경을 올바로 해석할 수 있도록 도우십니다.

하나님이 들려주시는 이야기는 오늘을 사는 나와 늘 연결되어 있습니다. 아래 질문에 답하면서 성경 이야기가 내 이야기와 어떻게 연결되는지 생각해 봅시다.

▶ 하나님을 아는 것이 지금 당장 자신에게 얼마나 중요합니까? 어떻게 하면 하나님을 알고자 하는 열망이 더 커질 수 있을까요?

▶ 하나님과의 관계를 어떻게 생각합니까? 우리 소원을 들어주는 우주의 집사 정도로 하나님을 생각하려는 유혹을 느낀 적이 있습니까? 이런 유혹에 빠지지 않으려면 어떻게 해야 할까요?

▶ 새 언약은 우리에게 어떤 유익을 줍니까? 우리 마음속에서 어떤 일을 합니까?

▶ 하나님이 우리를 용서하시고 우리 죄를 더 이상 기억하지 않으실 것이라는 사실은 무엇을 의미합니까?

하나님의 이야기
하나님이 그분의 아들
예수 그리스도를 통해
우리를 구속해 주신 이야기

우리의 이야기
우리의 이야기가
하나님의 이야기와
만나는 곳

YOUR MISSION

HEAD

생 각

하나님의 계획은 하나님이 아니라 사람에게 새로운 것이었습니다. 하나님의 백성은 노력하고 실패하는 역사를 반복해 왔으며, 그분의 언약 기록에 맞춰 결코 살 수 없었습니다. 하나님은 계속해서 자비를 베푸시며 그들을 자신에게로 되돌리고자 하셨습니다. 그러나 옛 언약은 백성들이 율법을 지킬 수 있도록 힘을 주지 못했습니다. 이제는 하나님이 자기 뜻에 관한 지식을 주실 뿐만 아니라 사람들에게 주신 새 마음에 새 언약을 쓰실 것입니다.

- 하나님이 우리 안에 거하신다는 것은 무슨 의미입니까?

- 우리에게 새 마음이 있음을 아는 것은 하나님께 순종하는 데 어떤 영향을 줍니까?

HEART

마 음

새 언약은 마음에 기록되었습니다. "그런즉 누구든지 그리스도 안에 있으면 새로운 피조물이라 이전 것은 지나갔으니 보라 새것이 되었도다"(고후 5:17). 이것을 믿을 때 옛사람이 죽고, 그리스도와 함께 영적으로 부활합니다. 새로운 마음을 가진 새로운 자아는 새로운 열망과 취향을 가집니다. 가장 중요한 것은 새로운 주인을 갖게 된 것입니다. 더 이상 죄에 갇히지 않고, 하나님이 성령의 임재를 통해 우리 마음 가운데 거하십니다.

- '네 자신을 믿어라' 하는 세상 지혜에 대해 이번 과는 어떻게 도전합니까?

- 본질상 죄인임을 아는 것이 왜 중요하며, 이는 복음 이해에 어떤 영향을 미칠까요?

HANDS

행 동

하나님을 아는 것은 동전의 양면과 같아서, 한 면은 하나님과 맺는 인격적 관계, 즉 에덴동산에서 나눈 친밀함으로 돌아가는 것입니다. 다른 한 면은 하나님을 알리려는 열망으로, 이것 또한 인류를 향한 하나님의 본래 의도대로 돌아가는 것입니다. 아담과 하와는 하나님을 알았을 뿐만 아니라 그들이 행하는 모든 것에서 그분을 반영하고 중시했습니다. 그들처럼 우리도 온 땅에 하나님의 영광을 드러내고 예수님의 복음을 전하도록 부름받았습니다.

- 하나님과 맺는 관계에 관해 이번 과에서 어떤 격려와 도전을 받았나요?

- 하나님을 드러내며 살아가는 것에 관해 이번 과에서 어떤 격려와 도전을 받았나요?

> 다음 모임까지 **시편 119:89~176; 아가 1:1~5:1**을 읽어 보세요.

12

시드기야, 네 고집으로 망하리라

성경 말씀	역대하 36장 11~21절; 예레미야 38장 14~18절, 24~28절
포 인 트	하나님은 죄인을 끝까지 찾아 돌이키고자 하시지만, 마음이 완악한 사람은 언젠가 심판에 직면할 것이다.
등 장 인 물	삼위일체 하나님(성부, 성자, 성령) 예레미야(유다와 예루살렘에 대한 하나님의 심판을 거듭 선포했던 선지자이지만, 또한 소망의 선지자이기도 함) 시드기야(바벨론에 멸망당하기 전 유다의 마지막 왕)
메시지 좌표	이 과에서는 구약에서 가장 중요한 사건 가운데 하나인 예루살렘의 몰락과 하나님의 백성이 포로가 되는 이야기를 만나게 될 것입니다. 마음이 완악해진 백성들과 지도자들은 하나님의 말씀을 경멸하기에 이르렀습니다. 이에 하나님은 지기 백성을 벌하심으로써 공의와 진노를 드러내셨습니다. 그러나 우리는 하나님이 공의를 드러내시는 중에도 남은 자들을 보존하시는 것을 볼 수 있습니다. 남은 자들은 메시아를 통해 만물을 새롭게 하시는 하나님의 약속에 대한 소망을 전할 것입니다.

예루살렘의 몰락

하나님의 백성이
완악해져서 몰락하다.

에스겔의 환상

하나님은 죽은 자를
일으키실 수 있다.

하나님을 모르니 제멋대로구나

역대하 36장 11~14절

시드기야가 왕위에 오를 때에 나이가 이십일 세라 예루살렘에서
십일 년 동안 다스리며 그의 하나님 여호와 보시기에 악을 행하고
선지자 예레미야가 여호와의 말씀으로 일러도 그 앞에서 겸손하지
아니하였으며 또한 느부갓네살왕이 그를 그의 하나님을 가리켜 맹세하게
하였으나 그가 왕을 배반하고 목을 곧게 하며 마음을 완악하게 하여
이스라엘 하나님 여호와께로 돌아오지 아니하였고 모든 제사장들의
우두머리들과 백성도 크게 범죄하여 이방 모든 가증한 일을 따라서
여호와께서 예루살렘에 거룩하게 두신 그의 전을 더럽게 하였으며

이스라엘의 최후 몰락은 통치자의 완악한 마음에서 시작되었습니다. 여기에는 백성의 완악한 마음도 반영되어 있습니다. 본문은 시드기야가 바벨론에 맞서고자 한 행동의 참 근원이 무엇인지를 보여 줍니다. 시드기야는 민족적 자부심이나 독립을 위한 고귀한 열망으로 행동한 것이 아닙니다. 그저 그는 자신의 완악한 마음이 움직이는 대로 행동했을 뿐입니다.

마음이 완악해질 때 나타나는 확실한 신호 가운데 하나는 '교만'입니다. 본문에서 우리는 시드기야의 교만이 통제되지 않는 모습을 볼 수 있는데, 이것이 바로 그의 마음이 완악해졌다는 증거입니다. 시드기야는 바벨론이 세운 꼭두각시 왕이었습니다. 그의 군대는 바벨론은 말할 것도 없고, 이집트에 맞서기에도 턱없이 부족한 상황이었습니다.

하나님의 뜻에 맞서는 완악한 마음을 가진 사람을 본 적이 있나요? 어떤 일이 있었습니까?

마음이 완악해지려고 한 적이 있습니까? 앞으로 이러한 일에서 어떻게 자신을 지키겠습니까?

살길을 알려 줘도 듣지 않는구나

시드기야는 마음이 완악해졌음에도 선지자 예레미야를 불렀습니다. 하나님이 민족의 앞날에 대해 무엇인가를 말씀해 주실 수도 있다고 생각했기 때문입니다. 그러나 심판의 메시지를 받게 되었습니다.

> **예레미야 38장 14~18절**
>
> 시드기야왕이 사람을 보내어 선지자 예레미야를 여호와의 성전 셋째 문으로 데려오게 하고 왕이 예레미야에게 이르되 내가 네게 한 가지 일을 물으리니 한 마디도 내게 숨기지 말라 예레미야가 시드기야에게 이르되 내가 이 일을 왕에게 아시게 하여도 왕이 결코 나를 죽이지 아니하시리이까 가령 내가 왕을 권한다 할지라도 왕이 듣지 아니하시리이다 시드기야왕이 비밀히 예레미야에게 맹세하여 이르되 우리에게 이 영혼을 지으신 여호와께서 살아 계심을 두고 맹세하노니 내가 너를 죽이지도 아니하겠으며 네 생명을 찾는 그 사람들의 손에 넘기지도 아니하리라 하는지라 예레미야가 시드기야에게 이르되 만군의 하나님이신 이스라엘의 하나님 여호와께서 이와 같이 말씀하시되 네가 만일 바벨론의 왕의 고관들에게 항복하면 네 생명이 살겠고 이 성이 불사름을 당하지 아니하겠고 너와 네 가족이 살려니와 네가 만일 나가서 바벨론의 왕의 고관들에게 항복하지 아니하면 이 성이 갈대아인의 손에 넘어가리니 그들이 이 성을 불사를 것이며 너는 그들의 손을 벗어나지 못하리라 하셨나이다

예레미야는 왕에게 진실을 말한 후 질문이 남았습니다. '과연 시드기야가 하나님의 진리에 어떻게 반응할까? 완악한 마음을 고집할까? 아니면 겸손히 받아들이며 주님께 돌아갈까?'

영적 몰락이 완악함에서 시작된다면, 그 다음 단계는 하나님의 말씀을 대하는 우리의 반응과 관련 있습니다. 하나님의 말씀이 회개로 인도할 때, 우리는 겸손히 받아들이거나 무시하고 하던 대로 계속할 수 있습니다. 시드기야는 후자를 선택했습니다.

예레미야야, 네가 나를 위해 우는구나

눈물의 선지자의 반응은, 요나와 분명히 달랐습니다. 요나는 니느웨에 하나님의 심판이 임하기를 아주 간절히 바랐고 눈물 한 방울 흘리지 않았습니다. 하지만 예레미야는 주님의 마음을 그대로 담아냈습니다. 몇 번이고 계속해서, 심지어 시드기야의 마지막까지도 하나님의 진노가 연기될 수 있는 길을 제시했습니다. 그는 백성들에게 너무 늦기 전에 주님께 돌아오라고 계속해서 외쳤습니다.

포로로 유배 중에도 신실함

하나님의 백성이 거룩함을 추구할 때, 다른 이들이 주목한다.

불로 시험을 받음

사드락, 메삭, 아벳느고가 하나님의 보호를 신뢰하다.

손이 벽에 글을 쓰다

하나님의 심판 경고와
회개의 필요성

다니엘이 구원되다

하나님이 사자 굴에서
다니엘을 지켜 주시다.

그리스도와의 연결

백성들의 영적 몰락은 하나님의 진노를 초래했습니다. 그런데 예레미야의 눈물은 하나님이 의로운 심판을 내리기를 기뻐하지 않으신다는 사실을 상기시켜 줍니다. "사랑하는 자들아 주께는 하루가 천 년 같고 천 년이 하루 같다는 이 한 가지를 잊지 말라 … 주께서는 너희를 대하여 오래 참으사 아무도 멸망하지 아니하고 다 회개하기에 이르기를 원하시느니라"(벤후 3:8~9).

우리는 장차 올 심판의 날을 준비해야 합니다. 유다 왕국에 예언된 심판이 오래 걸렸던 것처럼, 다시 오실 예수님을 오래 기다리는 것은 하나님의 인내를 강조하는 것이지 그분의 무관심이 아닙니다. 하나님은 모든 사람이 회개하기를 바라십니다. 우리가 알듯, 삶에서 계속되는 모든 날은 바로 하나님의 은혜로운 인내를 보여주는 예입니다. 한 사람이라도 더 복음을 듣고 믿을 수 있는, 장차 있을 진노를 피하기 위해 예수님께로 피할 수 있는 기회입니다.

죄-위반

알짬 교리 **99**

'어기다'(수 7:11), '잘못'(수 24:19), '허물'(렘 5:6), '반역'(애 3:42) 등으로 번역되는 영어 성경의 단어 transgression은 '바꾸다' 혹은 '지나가다'라는 뜻으로 하나님의 명백한 명령을 위반하는 행위와 연관되어 쓰이곤 합니다. 에덴동산에서 아담과 하와에게 주셨던 것처럼 하나님이 구체적인 명령을 주셨는데도 그 것을 지키지 않으면 범죄하는 것입니다(롬 5:14; 딤전 2:14). 이런 의미에서 죄란 법을 어기는 행위입니다.

하나님이 들려주시는 이야기는 오늘을 사는 나와 늘 연결되어 있습니다. 아래 질문에 답하면서 성경 이야기가 내 이야기와 어떻게 연결되는지 생각해 봅시다.

▶ '마음이 완악하다'는 것은 무슨 의미입니까? 마음이 완악해지고 있다는 것을 어떻게 알 수 있을까요?

▶ 하나님의 말씀에 대한 반응이 어떻게 마음 상태를 알려 주는 지표가 됩니까?

▶ 하나님은 아무도 멸망하기를 바라지 않으신다는 것을 어떻게 알 수 있습니까? 이것이 하나님의 심판을 바라보는 방식을 어떻게 바꾸나요?

▶ 어떻게 하면 오늘날 그리스도인들이 하나님의 메시지를 사람들에게 전할 때 세상의 상태를 보고 눈물 흘린 예레미야처럼 될 수 있을까요? 오늘날 그리스도인들은 어떤 점에서 예레미야와 다릅니까?

하나님의 이야기
하나님이 그분의 아들
예수 그리스도를 통해
우리를 구속해 주신 이야기

우리의 이야기
우리의 이야기가
하나님의 이야기와
만나는 곳

생 각

교만해지면 회개가 부족해집니다. 시드기야는 회개의 정의대로 '주님께 돌아갈' 기회가 얼마든지 있었습니다. 예레미야의 조언을 듣고 주님의 말씀을 겸손히 인정할 수 있었습니다. 또한 자기 지혜에서 돌이켜 주님께 돌아감으로써 그러한 인정을 증명할 수도 있었습니다. 그러나 시드기야는 자기 길이 옳다고 확신했기 때문에 돌이킬 필요성을 느끼지 못했습니다.

HEAD

- 왜 교만은 마음의 완악함과 함께 올까요?

- 교만에 맞서 싸울 때 그리스도인들은 서로 어떻게 도울 수 있을까요?

마 음

자기기만은 우리 안에서 일어나는 일들을 스스로 진단하기 어렵게 만듭니다. 이러한 이유로 다윗은 주님께 자기 마음을 진단해 주시길 기도하고 요청했습니다. "하나님이여 나를 살피사 내 마음을 아시며 나를 시험하사 내 뜻을 아옵소서 내게 무슨 악한 행위가 있나 보시고 나를 영원한 길로 인도하소서"(시 139:23~24).

HEART

- 하나님이 말씀을 통해 다소 불편할 수 있는 진리를 깨닫게 하신 적이 있나요?

- 그때 어떻게 반응했나요? 그것은 당신의 마음 상태에 대해 무엇을 말해 주나요?

행 동

마음의 완악함을 보여 주는 또 다른 신호는 하나님의 백성이 열방과 구별되지 않는 것입니다. 처음부터 하나님은 이스라엘 백성을 이 땅에서 구별된 백성으로 만드실 계획이셨습니다. 그들만이 주님을 위해 특별히 구별된 제사장 나라로서 하나님의 영광을 밝게 빛낼 것입니다. 그러나 시드기야 시대에는 "모든 제사장들의 우두머리들과 백성도 크게 범죄하여 이방 모든 가증한 일을"(대하 36:14) 따라했습니다. 다른 말로 하면, 그들은 구별된 하나님의 백성이라는 지위를 버리고, 그 대신 주변 모든 백성의 길을 따르기 시작했습니다.

HANDS

- 왜 하나님은 그분의 백성이 삶의 방식에서 세상과 구별되기를 바라십니까?

- 하나님은 우리가 주변 세상으로부터 어떤 방식으로 구별되도록 부르셨습니까?

> 다음 모임까지 **아가 5:2~8:14; 시편 45편; 잠언 1~4장**을 읽어 보세요.

13

에스겔, 이것이 살아나겠느냐?

성 경 말 씀 — 에스겔 37장 1~14절

포 인 트 — 하나님의 말씀은 생명 없는 곳에서 생명을 일으킬 수 있다.

등 장 인 물 — 삼위일체 하나님(성부, 성자, 성령)
에스겔(이름의 의미가 '하나님이 굳세게 하실 것이다'인 선지자)

메시지 좌표 — 이 책의 마지막 과에서, 우리는 에스겔을 통해 절망과 소망 모두로 가득 찬 장면을 보게 됩니다. 주님은 에스겔을 마른 뼈들이 가득한 골짜기로 데려가셔서 추방당한 삶의 절망적인 모습을, 그러나 또한 죽은 자를 일으키고 백성을 회복하시는 하나님의 권능을 보여 주셨습니다. 이렇게 보여 주심으로써 에스겔 당시 백성들을 다시 본국으로 되돌리실 것이라는 소망을 주셨습니다. 이는 또한 하나님의 말씀이 우리를 살아 있게 하고 하나님과의 관계를 회복시켜 주는 부활 능력이 있음을 우리에게 알려 줌으로써 우리에게도 희망을 줍니다.

에스겔의 환상

하나님은 죽은 자를
일으키실 수 있다.

포로로 유배
중에도 신실함

하나님의 백성이 거룩함을 추구할
때, 다른 이들이 주목한다.

마른 뼈들밖에 안 보여요

> **에스겔 37장 1~3절**
>
> 여호와께서 권능으로 내게 임재하시고 그의 영으로 나를 데리고
> 가서 골짜기 가운데 두셨는데 거기 뼈가 가득하더라 나를 그 뼈
> 사방으로 지나가게 하시기로 본즉 그 골짜기 지면에 뼈가 심히 많고
> 아주 말랐더라 그가 내게 이르시되 인자야 이 뼈들이 능히 살 수
> 있겠느냐 하시기로 내가 대답하되 주 여호와여 주께서 아시나이다

골짜기는 죽음과 황량함 가운데 쥐 죽은 듯 적막했습니다. 뼈들이 가득했는데, '바짝 말라' 있었습니다. 이보다 더 절망적인 장면을 상상할 수 없을 정도였습니다.

에스겔이 이 장면에 직면했을 때, 주님은 그에게 "이 뼈들이 능히 살 수 있겠느냐?" 하고 물으셨습니다. 직접 그 장면을 본 에스겔은 하나님이 기적을 베푸셔야만 그 뼈들이 살아날 수 있음을 알았습니다. 아무리 살아나고 싶어도 상황을 바꿀 만한 힘이 뼈들에게는 없었습니다. 마른 뼈들이 살아날 수 있을까요? 주님만이 그것을 아시고, 오직 주님만이 하실 수 있습니다.

만약 내가 에스겔이라면, 이런 환상을 볼 때 어떻게 반응하겠습니까? 하나님과 하나님의 백성과 자신의 사명을 보는 관점이 어떻게 달라질까요?

이 뼈와 저 뼈가 연결되다니

에스겔 시대의 백성들은 하나님이 선지자들을 통해 들려주시는 말씀에 주의를 기울이지 않았습니다. 그들은 듣지 않고 순종하지 않았기 때문에, 포로가 되었습니다. 비록 하나님을 모르는 바벨론에서조차 인정하기 어렵겠지만, 하나님이 허락하셨기 때문에 바벨론이 그와 같은 힘을 갖게 된 것입니다.

그렇더라도 여기서 에스겔은 하나님의 말씀이 생명을 회복 시키는 능력을 보았습니다. 하나님의 명령을 따라 에스겔이 예언을 시작했습니다. 먼저 소음이 났습니다. 처음에는 작은 소리였지만, 점점 커지며 크고 깊게 울렸습니다. 마른 뼈들이 형체를 알아볼 수 있을 정도로 회복되어 맞춰지면서 뼈들끼리 부딪치는 소리가 났습니다. 그러고는 새롭게 형성된 골격을 피부가 덮는 소리가 들렸습니다. 그 후 생기가 바람처럼 골짜기 안으로 불어왔습니다.

너희가 다시 살아나게 하리라

이상하게도, 그들이 포로로 잡혀 간 것은 하나님의 심판을 보여 주는 증거만이 아닙니다. 하나님의 신실하심을 보여 주는 증거이기도

불로 시험을 받음

사드락, 메삭, 아벳느고가
하나님의 보호를 신뢰하다.

손이 벽에 글을 쓰다

하나님의 심판 경고와
회개의 필요성

합니다. 만일 하나님이 심판에 대한 자신의 약속을 지키지 않으셨다면, 자신의 다른 약속들도 지키지 않으실 것입니다. 그러나 하나님이 자신의 말씀을 지키셨기 때문에, 즉 자신이 하실 것이라고 말씀하셨던 바를 정확하게 하셨기 때문에, 백성들은 이러한 환상을 기대할 수 있었고, 하나님이 약속을 지키실 것을 알 수 있었습니다. 하나님은 포로로 잡히는 것이 끝이 아니라고 약속하셨습니다.

그리스도와의 연결

이스라엘과 유다가 하나님 말씀에 불순종했기 때문에 하나님이 아시리아와 바벨론을 일으키셨습니다. 그들은 이방 나라의 신에게 향했고 선지자들의 경고를 일축했습니다. 그러나 하나님은 포로가 되어 징계받은 가운데서도 아브라함의 자녀 가운데 남은 자들을 신실하게 지키셨습니다. 하나님은 아브라함, 이삭, 야곱, 요셉, 모세, 다윗과 맺은 언약에 계속 신실하셨습니다.

'자기 백성을 끝까지 찾으시는 하나님'은 심지어 마른 뼈의 골짜기로, 즉 죽음과 영적 황량함의 골짜기로 들어가 자기 백성들에게 새 생명을 주셨습니다. 하나님은 당신의 아들 예수를 죽음의 골짜기 골고다 언덕으로 보내심으로써 당신의 자녀들이 새 생명으로 살아날 수 있는 생명의 길을 열어 주셨습니다. 그리고 그들에게 복음을 맡기셨고 사명을 감당하도록 힘을 주셨습니다. 부활의 왕국은 무덤을 넘어서까지 승리할 것입니다.

다니엘이 구원되다

하나님이 사자 굴에서
다니엘을 지켜 주시다.

고향으로 가는 여정

하나님이 자기 백성을 고향으로
돌려보낸다는 약속을 지키시다.

부활

구약과 신약은 모두 신자들이 어느 날 죽은 자 가운데서 살아나는 육신의 부활을 경험할 것이라고 가르칩니다(사 26:19; 겔 37:12~14; 요 11장). 부활의 약속은 죽은 자 가운데서 다시 사신 그리스도 안에서 발견되며, 그리스도의 재림 때 약속이 이루어질 것입니다. 그리스도께서 부활의 첫 열매가 되셨기에 그리스도인들은 자신들의 부활도 본질적으로 비슷하리라고 확신할 수 있습니다. 즉 전인적으로 영광스럽게 부활하리라고 말입니다(빌 3:20~21; 롬 8:22~23). 장차 일어날 부활의 소망은 그리스도인에게 그리스도의 죽음과 부활로 사망이 패했다는 확신을 줍니다.

하나님이 들려주시는 이야기는 오늘을 사는 나와 늘 연결되어 있습니다. 아래 질문에 답하면서 성경 이야기가 내 이야기와 어떻게 연결되는지 생각해 봅시다.

▶ 이스라엘 백성들은 하나님에 관해 어떤 질문들을 했을까요? 이 환상이 에스겔 시대의 사람들에게 소망을 주었을까요?

▶ 이스라엘을 회복하시겠다는 하나님의 약속이 어떻게 우리에게 하나님의 신실하심에 관한 확신을 줍니까? 하나님의 약속은 그분의 본성과 성품에 관해 무엇을 말해 줍니까?

▶ 하나님의 말씀으로 영적인 각성을 경험한 적이 있습니까? 그때의 경험을 자세히 나누어 주세요.

▶ 하나님이 우리가 영적으로 죽었을 때조차 그분만이 주실 수 있는 생명을 주시기 위해 우리를 찾으신다는 사실은 우리에게 어떤 위로가 됩니까?

하나님의 이야기
하나님이 그분의 아들
예수 그리스도를 통해
우리를 구속해 주신 이야기

우리의 이야기
우리의 이야기가
하나님의 이야기와
만나는 곳

생 각

에스겔의 환상 속의 황량한 골짜기는 포로로 잡혀 가는 이스라엘을 나타내며, 그리스도를 믿기 전의 마음 상태를 상기시킵니다. 우리는 창조주 하나님에게서 추방되어 죄 가운데 죽었으며 하나님과 분리되어 있습니다. "그는 허물과 죄로 죽었던 너희를 살리셨도다 그때에 너희는 … 전에는 우리도 다 그 가운데서 우리 육체의 욕심을 따라 지내며 육체와 마음의 원하는 것을 하여 다른 이들과 같이 본질상 진노의 자녀이었더니"(엡 2:1~3).

- 그리스도인이 되기 전에 처해 있던 위험을 깨닫는 것은 어떤 가치가 있습니까?
- 그러한 위험을 인정하는 것은 복음을 바라보는 방식을 어떻게 바꿉니까?

마 음

회복의 소망은 포로들에게만 해당되는 것이 아닙니다. 동일한 소망, 곧 예수 그리스도를 통해 주어지는 회복의 소망이 우리에게도 있습니다. 우리가 어떻게 다시 살게 되었습니까? 신약성경에서 바울은 하나님의 말씀을 듣고 믿음으로써 영적으로 다시 살아난다고 말했습니다. "믿음은 들음에서 나며 들음은 그리스도의 말씀으로 말미암았느니라"(롬 10:17). 우리가 하나님의 말씀을 들을 때, 우리 안에서 무엇인가가 일어나기 시작합니다. 죄로 인해 오랫동안 딱딱해져서 돌이 된 우리의 마음이 갑자기 부드러워지기 시작합니다. 그래서 마침내 우리도 또한 하나님 앞에서 새롭게 서 있을 수 있습니다.

- 하나님의 말씀으로 자신이 다시 살아나는 것을 보는 것은 복음에 관한 관점을 어떻게 바꿔 놓습니까?
- 하나님의 말씀 안에 거하는 것에 대한 우리의 태도와 접근에 있어서 이 진리가 뜻하는 바는 무엇입니까?

행 동

하나님이 에스겔에게 대언하라고 명령하심으로써, 그는 자기 눈앞에서 그런 일들이 일어나는 것을 보는 놀라운 특권을 누렸습니다. 복음의 기쁜 소식을 나눌 때 우리도 비슷한 경험을 할 수 있습니다. 마른 뼈들의 골짜기에 관해 말하는 선지자처럼, 우리도 죄로 인해 죽어 있는 자들에게 생명의 말씀을 선포하도록 명령 받았습니다.

- 마른 뼈들이 살아나기 전에 에스겔이 하나님의 말씀을 대언한 것이 왜 중요할까요?
- 다른 사람들에게 하나님의 말씀을 전하는 데 이 이야기는 어떻게 도움이 됩니까?

다음 모임까지 **잠언 5~12장**을 읽어 보세요.